Kauderwelsch

Band 86

Kauderwelsch

Scots

die Sprache der Schotten

Manfred Malzahn

Kauderwelsch Band 86
Scots - die Sprache der Schotten
von Manfred Malzahn

Reise Know-How Verlag Peter Rump GmbH
Hauptstraße 198
D-33647 Bielefeld (Brackwede)

1. Auflage 1996
ISBN 3-89416-277-5 (Paperback, DM 14.80)
ISBN 3-89416-944-3 (Hardcover, DM 26.80)

Bearbeitung: Alexander Schwarz
Gestaltung: Peter Rump (Umschlag, Innenteil),
Fotos: Wolfram Schwieder (S. 46, 62, 100), sonst der Autor

Druck, Bindung: Fuldaer Verlagsanstalt GmbH, Fulda

Inhalt

Kauderwelsch-Sprechführer sind anders!

Warum? Weil sie Sie in die Lage versetzen, wirklich zu sprechen und die Leute zu verstehen.

Wie wird das gemacht? Abgesehen von dem, was jedes Sprachbuch bietet, nämlich Vokabeln, Beispielsätze etc., zeichnen sich die Bände der Kauderwelsch-Reihe durch folgende Besonderheiten aus.

Die **Grammatik** wird in einfacher Sprache so weit erklärt, daß es möglich wird, ohne viel Paukerei mit dem Sprechen zu beginnen, wenn auch nicht gerade druckreif.

Alle Beispielsätze werden doppelt ins Deutsche übertragen: zum einen **Wort-für-Wort,** zum anderen in "ordentliches" Hochdeutsch. So wird das fremde Sprachsystem sehr gut durchschaubar. Denn in einer fremden Sprache unterscheiden sich z. B. Satzbau und Ausdrucksweise recht stark vom Deutschen. Ohne diese Übersetzungsart ist es so gut wie unmöglich, schnell einzelne Wörter in einem Satz auszutauschen.

Die **Autorinnen** und **Autoren** der Reihe sind Globetrotter, die die Sprache im Land selbst gelernt haben. Sie wissen daher genau, wie und was die einfachen Leute auf der Straße sprechen. Deren Ausdrucksweise ist nämlich häufig viel einfacher und direkter als z. B. die Sprache der Literatur.

Besonders wichtig sind im Reiseland die **Körpersprache, Gesten, Zeichen und Verhaltensregeln,** ohne die auch Sprachkundige kaum mit Menschen in guten Kontakt kommen. In allen Bänden der Reihe wird darum besonders auf diese Art der nonverbalen Kommunikation eingegangen.

Kauderwelsch-Sprachführer sind keine Lehrbücher, aber viel mehr als Sprachführer! Wenn Sie ein wenig Zeit investieren und einige Vokabeln lernen, werden Sie mit ihrer Hilfe in kürzester Zeit Informationen bekommen und Erfahrungen machen, die "taubstummen" Reisenden verborgen bleiben.

Vorbemerkung

Dieses Buch ist in erster Linie für Schottlandreisende mit englischen Grundkenntnissen gedacht. Wer in der Schule gelerntes Englisch redet, wird von allen Schotten verstanden werden und braucht sich nicht krampfhaft zu bemühen, Scots zu sprechen. Von ausländischen Besuchern in Deutschland erwartet man ja auch kein Mecklenburger Platt oder Ostfriesisch. Zum Verstehen des Gegenübers ist jedoch oft Hilfe nötig, und die soll hier gegeben werden – für das Begreifen sowohl des Wortsinns wie auch schottischer Lebens- und Denkweisen.

Fast alle der in diesem Buch vorgestellten Wörter und Ausdrücke kennt man im gesamten Sprachgebiet des Schottischen. Von den Regionaldialekten werden nur zwei kurz behandelt.

Liebe Leser!

Ich habe mir zwar alle Mühe gegeben, aber daß dieses Buch vollständig ist, will ich nicht behaupten. Aber es ist aktuell. Nur solche Ausdrücke habe ich aufgenommen, die heute gebräuchlich sind. Und dadurch unterscheidet sich dieses Bändchen sicherlich wohltuend von dicken, wissenschaftlichen Wörterbüchern.

Aber ich möchte dieses Buch erweitern, und vor allen Dingen soll es aktuell bleiben und den Wortschatz abdecken, mit dem Sie wirklich in Kontakt kommen. Dafür brauche ich Ihre Hilfe! Teilen Sie mir bitte weitere Wörter mit, die Sie auf Ihrer Reise hören. Schreiben Sie bitte auch wo (in welcher Region Schottlands) Sie sie gehört haben. Für verwertete Ergänzungen zeigt sich der Verlag mit einem Freiexemplar der nächsten Auflage erkenntlich. Sie erreichen mich über die Verlagsadresse.

Aussprache

Zur Wiedergabe der Aussprache wurden in *kursiver Schrift* soweit als möglich deutsche Buchstaben oder Buchstabenverbindungen benutzt. Es steht also zum Beispiel ein *sch* in der Lautschrift für den Anfangslaut in „schön“.

Abweichungen und Besonderheiten gegenüber dem Englischen und in den verschiedenen Dialekten werden später aufgezeigt. Unterschiedlich zum Deutschen sind die folgenden:

Selbstlaute

a	wie ‚a‘ in ‚acht‘
â	wie ‚a‘ in ‚aber‘
å	wie ‚o‘ in ‚fort‘
åå	langes å, wie ‚a‘ in ‚callgirl‘
ai	wie ‚ei‘ in ‚ein‘
e	wie ‚e‘ in ‚eng‘
ê	wie ‚e‘ in ‚er‘
è	wie ‚e‘ in ‚genau‘
ei	wie ‚ey‘ in ‚hey‘
i	wie ‚i‘ in ‚in‘
î	wie ‚i‘ in ‚mir‘
ô	wie ‚o‘ in ‚oder‘
ü	wie ‚ü‘ in ‚fünf‘
üü	wie ‚ü‘ in ‚müde‘

Mitlaute

ch	wie hartes ‚ch‘ in ‚Bach‘
<u>ch</u>	wie weiches ‚ch‘ in ‚Licht‘
ñ	wie ‚ng‘ in ‚Ring‘
s	wie stimmhaftes ‚s‘ in ‚Reise‘
ß	wie stimmloses ‚s‘ in ‚Reis‘
<u>th</u>	wie stimmhaftes ‚th‘ im englischen ‚this‘
th	wie stimmloses ‚th‘ im englischen ‚thin‘
v	wie ‚v‘ in ‚Vase‘
w	wie ‚w‘ im englischen ‚we‘
<u>sch</u>	wie stimmhaftes französisches ‚j‘ in ‚Journal‘

Ein Apostroph ' in der Lautschrift steht für einen Stimmabsatz oder Knacklaut. Das Hochdeutsche kennt diesen sogenannten Glottisverschluß nur in einer schwachen Form vor Selbstlauten am Wort- oder Silbenanfang, wie in „Achtung“ *'achtuñ* oder „Brecheisen“ *bre<u>ch</u>'aisèn.* Einen echten **glottal stop** *glå'l ßtåp* als Mitlautersatz findet man zum Beispiel im Ruhrgebiet, wo „Garten“ wie *gâ'n* klingt.

Wer mit einer anderen Lautschrift vertraut ist, mag mir bitte verzeihen, daß ich hauptsächlich an den in dieser Hinsicht nicht vorbelasteten Leser gedacht habe.

MARIS NEW POTATOES
3 lbs for 42
FREE BAR OF DAIRY MILK WHEN YOU BUY 2 BARS OF TIMEOUT
PAN BREAD 34p
Lifestyle
PLAIN BRED 49p
Lifestyle
BROWN BREAD 59p
Evening News

Schottland und seine drei Sprachen

Scots *(ßkåtß)* oder Schottisch ist eine Variante des Englischen, die sich zu Standardenglisch ungefähr so verhält wie Plattdeutsch zu Hochdeutsch. Aus englischer Sicht ist es ein Dialekt – aber für sprach- und nationalbewußte Schotten ist es eine der drei Landessprachen: Englisch, Schottisch und Gälisch.

Gälisch, eine keltische Sprache, hat trotz vieler Unkenrufe alle Versuche zur kulturellen Gleichschaltung Großbritanniens überlebt. Die gälischsprechende Minderheit, zumeist im Hochland und auf den Hebrideninseln angesiedelt, kann zwar heute auch Englisch. Es gibt aber trotzdem gälische Bücher, Zeitschriften, Radio- und Fernsehsendungen. Der vielleicht überzeugendste Beweis für die Lebendigkeit der Sprache sind die gälischen Texte der in ganz Schottland populären Rockmusikgruppe „Runrig" *ranrig.*

Scots ist mindestens genauso oft totgesagt worden wie Gälisch, hat sich aber als ähnlich widerstandsfähig erwiesen. Dabei waren die Voraussetzungen noch ungünstiger, denn schottischer Sprachgebrauch wurde leicht als „schlechtes" oder „falsches Englisch" abgetan. Das Gälische mußte als eigenständige Sprache anerkannt werden, wenn man für diese auch keinen Platz in der modernen Welt sehen wollte. Scots ließ sich nicht so scharf abgrenzen, denn es gibt wegen der engen Verwandtschaft von Scots und Englisch eine Menge an Mischformen in der alltäglichen Verwendung. Zudem fehlt für Scots, das wie das Plattdeutsche zwischen Geldern und Rügen viele Ausprägungen hat, eine allgemein verbindliche schriftsprachliche Norm.

„Reines" Scots hört man heute selten, aber in Süd-, Ost- und Mittelschottland reden die Leute etwas, das mehr oder minder stark schottisch geprägt ist. Das Sprachgebiet des Schottischen besteht zum größten Teil aus den **Lowlands** *lôlèns,* dem Tiefland, weshalb Scots auch als **Lowland Scots** oder kurz **Lallans** *lalèns* bezeichnet wird. In den **Lowlands** ist die Mehrzahl der Bevölkerung angesiedelt, und hier liegen auch alle größeren Städte.

Im Hochland und auf den Hebrideninseln – **Highlands** *hailènds* oder **Hielands** *hîlèns* und **Hebrides** *hebridîs* – merkt man noch, daß Englisch dort bis vor gar nicht so langer Zeit eine Fremdsprache war. Heute gibt es zwar einen typischen Hochlandakzent, aber keinen gewachsenen Dialekt mit eigenem Wortschatz. Besonderheiten im Sprachgebrauch sind in hier meist auf den Einfluß gälischer Aussprache und gälischen Satzbaus zurückzuführen. Die Ersetzung der stimmhaften Mitlaute *s, b* und *d* durch die stimmlosen *ß, p* und *t* ergibt zum Beispiel für

den Satz:	die Aussprache:
It is as it should be.	*itiß eßit schüt pî.*
Es ist so, wie es sein sollte.	

Gälische Satzkonstruktionen sind zu erkennen in Äußerungen wie

It is a terrible headache that is at me.
es ist ein schrecklicher Kopfschmerz der bei mir ist
Ich habe schreckliche Kopfschmerzen.

So etwas hört sich für Nichthochländer ebenso befremdlich an wie beispielsweise die wörtlichen Übersetzungen aus dem Englischen in der deutschen Ausgabe von „Asterix bei den Briten". Hochlandenglisch wird gern in ähnlicher Weise als komisches Stilmittel verwendet. Wer mag, der kann sich davon in den Geschichten von **Neil Munro** *(nîl mènrô)* um den Kapitän **Para Handy** *(pâra handî)* überzeugen. Dahinter steht eine lange Tradition des nicht immer ganz so gutmütigen innerschottischen Spotts der Tiefland-Schotten über die Hochländer oder **teuchters** *(tjüüchtèrs)*. Dieses Wort ist von **teuch** *(tjüüch;* grob) abgeleitet und bedeutet so etwas wie „Bauerntölpel".

Kleine Grammatik des Schottischen

Schreibung und Ausspracheunterschiede

Die meisten Laute im Schottischen existieren auch im Englischen, mit einigen wichtigen Ausnahmen. Das mit der Zungenspitze gerollte *r* ist in Schottland die meistgehörte Aussprachevariante. Im Glasgower Raum nimmt das *r* auch oft den Platz des englischen *th*-Lauts ein, wie in **ra farra** *(ra fara)* für „der Vater", der sonst in Schottland **faither** *(fêthèr)* heißt. Die gerollten *r* und die kehlig-dunklen *ch* geben Scots einen ziemlich harten Klang. Ein **ch** wird nur am Wortanfang wie *(tsch)* ausgesprochen. Ansonsten klingt es wie im Deutschen: **licht** *(licht;* Licht) und **loch** *(låch;* See).

Kein Problem für einen Deutschen oder Niederländer, ganz im Gegensatz zu einem Engländer, für den man in Schottland aber vielleicht sowieso nicht unbedingt gehalten werden möchte. Die Schotten nennen die Nachbarn oft mit abfälligem Ton **Southrons** *(ßathrèns;* Südländer), oder auch **Sassenach** *(ßaßènach);* Gälisch für Sachsen). Anders als diese Angelsachsen haben Deutsche auch kein Problem mit dem *ü,* das in Schottland gesprochen wird, obwohl die Umlautpunkte im Schriftbild fehlen. Also:

mune	*müün*	Mond
gude, guid	*güd*	gut
hoose	*hüüß*	Haus
broon	*brüün*	braun
toon	*tüün*	Stadt
floors, flooers	*flüürs*	Blumen
oor	*üür*	unser; Stunde
hoor, hure	*hüür*	Hure

Das für das Englische typische **o** *(ou)* gibt es im Schottischen nicht. Man hört ein langes **o** *(ô),* oder es steht an entsprechender Stelle ein **ae** *(ê),* wie in den folgenden Wörtern:

gae, gang, go	*gê, gañ, gô*	gehen
sae, so	*ßê, ßô*	so
dae	*dê*	tun

An einem unbetonten Wortende klingt **ae** wie *(a* oder *î),* beispielsweise in **he cannae** *(hî kanî;* er kann nicht). Deshalb ist nur bei den Schotten die Scherzfrage nach dem Unterschied zwischen Bing Crosby und Walt Disney *(disnî)* möglich. Die Antwort:

Bing sings, and Walt disnae.
biñ ßiñs èn wålt disnî
Bing singt, und Walt nicht.

Ein langer *î*-Laut kann sowohl durch **ie** wie durch **ei** wiedergegeben werden: **gie** *(gî;* geben) und **heid** *(hîd;* Kopf). An **gie** sieht man eine Tendenz zur Weglassung von Mitlauten, die auch Wortenden verkürzt; die englische Endung „-ing" *(ñ)* wird im Schottischen **-in** *(in).* Auch die vier folgenden, häufig benutzten Wörter, werden abgekürzt:

an	*an*	und
no	*nô*	nicht
o	*ô, è*	von
wi	*wi*	mit

In der gesprochenen Sprache ist die Unterschlagung von Lauten natürlich noch ausgeprägter als in der Schrift. Wenn man zum Beispiel am schottischen Frühstückstisch jemanden etwas sagen hört, was wie *(gîsè ba'r)* klingt, so ist das gemeint, was man im Englischen mit „could you give me the butter, please?" ausdrücken würde, und schottisch zumindest **gie´s the butter!** schreiben. Die hier abgekürzte Mehrzahlform **us** *(as)* wird häufig anstatt der Einzahl **me** *(mî;* mir / mich) verwendet.

Das **w** wird nur am Silbenanfang ausgesprochen. Ein **l** zwischen Selbst- und Mitlaut ist ebenfalls stumm, und am Wortende verschwindet **ll** auch aus der Schrift. Hier ein paar Beispiele:

flow	*flô*	fließen
slow	*ßlô*	langsam
fa	*fåå*	fallen
fu	*füü*	voll
ba, baw	*båå*	Ball
braw	*bråå*	schön
a, aw	*åå*	alles, alle, ganz
saut	*ßååt*	Salz
haud	*hååd*	halten

Eigentlich kurze Selbstlaute erscheinen im Schottischen häufig gedehnt: **man** klingt also eher wie die erste Silbe in dem Wort „Mahnmal" als wie das deutsche „Mann".

Keine Angst! Man muß sich nur etwas einhören. Zum Üben hier eine Zeile aus einem Volkslied. Sie beschreibt den Zustand einer Frau kurz vor der Niederkunft; auf Schottisch klingt es ziemlich poetisch:

She grew sae fu she couldnae moe.
schî grüü ßê füü schî cüdnî müü
sie wuchs so voll, sie konnte-nicht sich-bewegen
Sie wurde so dick, daß sie nicht mehr laufen konnte.

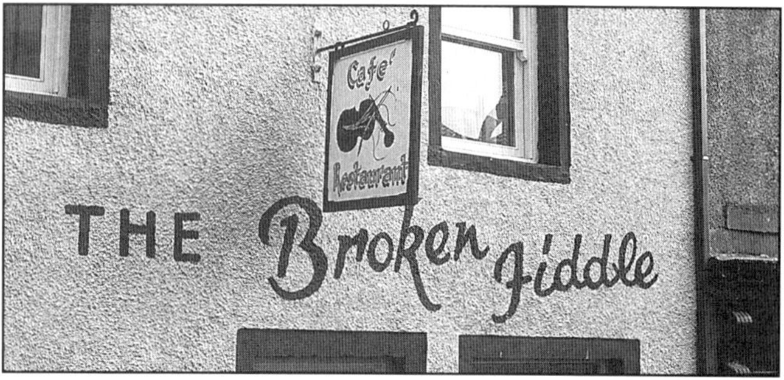

Satzbau und grammatische Formen

to do

Im großen und ganzen ist die Folge der Satzglieder im Schottischen genauso wie im Englischen. Es gibt jedoch ein paar Ausnahmen. Wer zum Beispiel bei der Umschreibung mit „to do" Mühe hat, wird mit Erleichterung feststellen, daß in Scots die folgenden Sätze durchaus wohlgeformte Fragen sind:

Hae ye ony spunks?
hê jiânî ßpañkß
hast du (irgendwelche) Streichhölzer
Hast du Streichhölzer?

Cam ye by train?
kam ji bai trên
kamst du mit Zug
Bist du mit dem Zug gekommen?

Dafür gibt es aber die „to do“-Umschreibung in einer noch komplizierteren Form als im Englischen, wie in der folgenden Ermahnung:

Dinnae ye be goin an gettin yersel aw mucky!
dinè ji bî gôinèn ge'n jèrßelåå makî
tu-nicht du sein gehend und kriegend dich-selbst ganz dreckig
Geh bloß nicht her und mach dich total schmutzig!

will

In Fragen steht **will** oft im Sinne von „soll“:

Will Ah lay the table noo?
wilâ lê thè têbl nüü
werde ich decken den Tisch jetzt
Soll ich jetzt den Tisch decken?

Das **Ah** *(â)* ist hier das Fürwort „ich“.

Ye will be David Black's son?
ji wil bî dêvid blakß ßan
du wirst sein David Blacks Sohn
Du bist wohl der Sohn von David Black?

Will bezieht sich hier nicht auf die Zukunft, sondern die Gegenwart.

that (in Relativsätzen)

In Relativsätzen steht fast immer **that,** also:

the man that Ah heard them speakin o
thè man thètâ herd thèm ßpikin ô
der Mann den ich hörte sie sprechen über
der Mann, über den ich sie reden hörte

the pal that Ah fixed his car
thè pal thètâ fikßt his kâr
der Kumpel dem ich reparierte das Auto
der Kumpel, dessen Auto ich repariert habe

Endungs -s bei Zeit- und Fürwort)

Eine andere Besonderheit ist das Auftreten der Endung **-s** nicht nur in der dritten Person Einzahl. Also:

Ye can wait till the kye comes hame.
ji kèn wêt til thè kai kams hêm
du kannst warten bis die Kühe kommen heim
Du kannst warten, bis du schwarz wirst.

In der zweiten Person wird die Mehrzahl oft durch ein **s** von der Einzahl unterschieden, mit **ye** *(jî)* oder **you** *(jüü),* abgeschwächt *(ji)* oder *(jè)* und *(jü;* du), und **yese** *(jîs)* oder **youse** *(jüüs;* ihr).

ja & nein

„Ja“ wird oft statt mit **yes** mit **aye** *(ai)* ausgedrückt. **Aye** kann auch zur Bekräftigung dienen:

She´s aye bonnie!
schîsai bånî
Sie ist wirklich hübsch!

Das gebräuchliche Wort für „nein" ist **na** *(nâ)* oder **naw** *(nåå).*

Das deutsche „doch" als Entgegnung auf eine verneinte Aussage heißt **so** *(ßô),* wie im folgenden Kurzdialog:

Are ye daft?	**Ah'm no.**	**Ye are so!**
âr jè dâft	*âm nô*	*jiâr ßô*
Bist du bescheuert?	Bin ich nicht.	Bist du doch!

Verhältniswörter

Nach Zeitwörtern stehen manchmal andere Verhältnis- und Bindewörter als im Englischen. So heißt es:

afore	*èfôr*	vor
ahint	*èhint*	hinter
be feart fur	*bî fîrt fèr*	Angst haben vor
mair nor	*mêr når*	mehr als
wait on	*wêt ån*	warten auf

Ah've been waitin on a bus fur mair nor an hoor.
âv bin wê'n ån è baß fèr mêr når èn üür.
ich-habe gewesen wartend auf einen Bus für mehr als eine Stunde
Ich warte schon seit über einer Stunde auf den Bus.

He's bigger nor me, but Ah'm no feart fur him.
hîs bigèr når mî bat âm nô fîrt fèr him
er-ist größer als ich aber ich bin nicht ängstlich vor ihm
Er ist größer als ich, aber ich habe keine Angst vor ihm.

Das Umstandswort wird oft mit der Endung **-like** *laik* statt wie im Englischen mit „-ly“ gebildet.

He carried on decent-like
hî karîdån dîßèntlaik
er fuhr auf anständig-lich
Er benahm sich anständig.

Auf der nächsten Seite folgen schottische Formen von Verhältniswörtern und andere häufig gebrauchte Sprachbausteine:

ablaw	*èblåå*	unter
abody	*ååbèdî*	jeder (im Sinne von „alle“)
aboot	*èbüüt*	über (wie „über etwas reden“)
abune	*èbüün*	über (Gegenteil von „unter“)
agin	*ègin*	gegen
aiblins	*êblins*	vielleicht
alane	*èlên*	allein
ance, yince	*ênß, jinß*	einmal; einst
ane, yin	*ên, jin*	ein, eine, einer, eins
anent	*ènent*	betreffend
aroon	*èrüün*	herum
atween	*ètwîn*	zwischen
ava	*èvåå*	überhaupt; von allen
awa	*èwåå*	weg
bit, wee	*bit, wî*	klein
efter	*eftèr*	nach
frae, fae	*frê, fê*	von, aus
forbye	*fèrbai*	außerdem
gin	*gin*	wenn
ilka	*ilkè*	jeder (wie in „jeder einzelne“)
intae	*intî*	in ... hinein
intil	*èntil*	zu (wie in „etw. zu jmd. sagen“)
maun	*måån*	müssen
meikle, mukle	*mikl, makl*	groß, viel
mony	*månì*	viele
naebody	*nêbèdî*	niemand
ony	*ånî*	irgendein, irgendwelche
ower	*aüèr*	über (Überfahrt)
sic	*ßik*	so, solch
thae	*thê*	diese (Mehrzahl)
thon, yon	*thån, jån*	dieser, diese, dieses
twa	*twâ*	zwei
whiles	*wails*	manchmal

He gaed his lane.	**Get intae him!**
hî gêd his lên	*get intî him*
er ging seinen Pfad	*geh hinein-in ihn*
Er ging allein.	Geh rein in den Mann! (Raufereien; Sport)

Die wichtigsten Fragewörter

hoo	*hüü*	wie
wha	*wâ*	wer
wham	*wâm*	wen
whan	*wan*	wann
whaur	*wåår*	wo (also nicht **waur** (schlechter)!)
whit	*wit*	was
whit fur	*wit fèr*	warum
whit fur no	*wit fèr nô*	warum nicht
whitna	*witna*	welcher, was für ein

Die Vergangenheit

Die regelmäßige Bildung der Vergangenheit bei Zeitwörtern geschieht mit den Endungungen **d, t** oder **it:**

pu *püü* ziehen	**pud** *püüd* zog	**pud** *püüd* gezogen
tell *tel* erzählen	**telt** *telt* erzählte	**telt** *telt* erzählt
keek *kîk* gucken, schauen	**keekit** *kîkit* guckte, schaute	**keekit** *kîkit* geguckt, geschaut

Zum Schluß noch ein paar ausgewählte unregelmäßige Zeitwörter:

bide *baid* wohnen, bleiben	**bade** *bêd* wohnte, blieb	**bidden** *bidn* gewohnt, geblieben
come *kam* kommen	**cam** *kam* kam	**come** *kam* gekommen
dae *dê* tun	**daed** *dêd* tat	**dane, daen** *dên, dîn* getan
gae *gê* gehen	**gaed, went** *gêd, went* ging	**gane, went** *gên, went* gegangen
gie *gî* geben	**gae, gied** *gê, gîd* gab	**gien, gied** *gîn, gîd* gegeben
haud *hååd* halten	**held** *held* hielt	**hauden** *håådn* gehalten
hae *hê* haben	**had** *had* hatte	**had, haen** *had, hên* gehabt
tak *tak* nehmen	**tuik** *tük* nahm	**taen** *tên* genommen

Zur Abwechslung noch ein paar Zeilen Scots, deren Inhalt jedem bekannt vorkommen müßte: es ist der Anfang von Wilhelm Buschs „Max und Moritz" in der schottischen Übersetzung von J.K. Annand, in der sie **Dod** und **Davie** heißen.

What for maun we thole wee laddies
wåt fèr måån wî thôl wî ladîs
when they are sic awfu baddies!
wen thêår ßik ååfü badîs
For ensample let me save ye
fårinßåmpl let mî ßêv ji
frae a pair like Dod and Davie,
frê è pêr laik dådèn dêvî
wha insteid o tryin harder
wâ inßtîdè trajin hardèr
to be guid lads, get nae farder;
tè bi güd lads, get nê fardèr
slee wee deils, they smirk and snicker,
ßlî wî dîls, thê ßmèrk èn ßnikèr
lauchin gars their badness siccar.
lachin gârs thêr badnèß ßikèr

Rückübersetzt ins Deutsche ergibt das:

Wozu müssen wir kleine Jungen ertragen
wenn sie so fürchterliche Tunichtgute sind!
Zum Beispiel laßt mich euch warnen
vor einem Paar wie Dod und Davie,
die anstatt sich mehr zu bemühen
gute Jungen zu sein, nicht weiterkommen;
Schlaue kleine Teufel, sie lächeln und kichern
Lachen macht ihre Schlechtigkeit gewiß.

Aufgepaßt! – falsche Freunde

Wenn sich zwei Sprachen so ähnlich sind wie Scots und Englisch, gibt es Raum für Verwechslungen und Mißverständnisse. Hier ein paar klassische Beispiele dafür, wie und wo die Verständigung aufgrund von zwar gleich aussehenden oder klingenden, aber mit anderen Inhalten versehenen Wörtern ins Stolpern geraten kann.

Scots			**Englisch**		
burn	*bèrn*	Bach	**burn**	*bèrn*	(ver)brennen
cry	*krai*	nennen	**cry**	*krai*	weinen, ausrufen
greet	*grît*	weinen	**greet**	*grît*	grüßen
gey	*gai*	sehr	**guy**	*gai*	Typ
hale	*hêl*	ganz	**hail**	*heil*	Hagel
hog	*håg*	junges Schaf	**hog**	*håg*	Schwein
hoo	*hüü*	wie	**who**	*hû*	wer
loe	*lüü*	lieben	**loo**	*lû*	Klo
mair	*mêr*	mehr	**mare**	*määr*	Stute
moose	*müüß*	Maus	**moose**	*mûß*	Elch
ower	*aüèr*	über	**our**	*auèr*	unser
rake	*rêk*	Rechen; Dürrling	**rake**	*reik*	Rechen; Wüstling
speir	*ßpîr*	fragen	**spear**	*ßpîr*	aufspießen; Speer
wait on	*wêt ån*	warten auf	**wait on**	*weit ån*	bedienen (bei Tisch)
waur	*wåår*	schlechter	**war**	*wåår*	Krieg
yucky	*jakî*	juckend	**yucky**	*jakî*	ekelhaft

Besonders angeraten wird eine vorsichtige Verwendung des Zeitworts **mind**, englisch *maind* und schottisch *main* fast gleich ausgesprochen. Wenn ein Schotte fragt:

Dae ye mind mah uncle Harry?
dê yè main mâañkèl harî
Erinnerst du dich an meinen Onkel Harry?

würde ein Engländer diese Frage wohl verstehen als:
„Hast du etwas gegen meinen Onkel Harry?"

Im letzteren Sinne kann man das Wort im Schottischen aber auch benutzen, wie zum Beispiel in

Ah dinnae mind waitin
â dinè main wê'n
Es macht mir nichts aus zu warten.

In der Bedeutung von „erinnern" folgt auf **mind** mitunter das Verhältniswort **on**.

Ah ken him, but Ah cannae mind on his name.
â ken him bat â kanî main ån his nêm
ich kenne ihn, aber ich kann-nicht erinnern auf seinen Namen
Ich kenne ihn, aber ich komme nicht mehr auf seinen Namen.

Eine weitere Quelle von schwerwiegenden Mißverständnissen zeigt sich in einem Satz wie

He's juist efter makin a lot o money.
hîs dschißteftèr makinè lå'è manî.
er ist gerade nach Machend eine Menge von Geld
Er hat gerade viel Geld gemacht.

Die englische Entsprechung „he's just after making a lot of money" bedeutet dagegen „er ist nur darauf aus, viel Geld zu machen".

Stadt – Land – Fluß

Ortsnamen

Die meisten Namen auf der schottischen Landkarte stammen aus keltischer Vergangenheit. Eigentlich müßte man gälische Ausspracheregeln im Kopf haben, wenn man geographische Namen korrekt entziffern will. Aber auch wenn es keine gälischen Wurzeln gibt, ist der Klang oft anders als man es den Buchstaben nach erwarten könnte. So zum Beispiel bei der nach der Kirche des heiligen **Cuthbert** *(kathbèrt)* benannten Stadt **Kirkcudbright** *(kèrküprî).*

Germanischen Ursprungs ist die Endsilbe **-burgh,** *(bara* oder *bèrè),* das dem deutschen „-burg" entspricht. Der Name **Edinburgh** *(ednbèrè)* ist eine Ableitung aus dem keltischen **dun eidin** *(dan îdschin).* Das Wort **dun**, Festung oder Festungsberg, findet man auch in **Dundee** *(dandî)* oder **Dumbarton** *(dambar'n).* Die Endsilbe **-wick** wie in **Lerwick** *(lèrwik)* oder **Berwick** *(berik)* ist skandinavischen Ursprungs und bedeutet „Siedlung", entsprechend den letzten Silben von „Schleswig" und „Braunschweig".

Der Einfluß der Vikinger in Schottland zeigt sich auch noch in Namen mit der Endsilbe **-ness** für eine Landzunge, wie in **Durness** *(dèrneß)* oder **Skipness** *(ßkipneß)*. **Inverness** *(invèrneß)* ist dagegen die Stadt an der Mündung des aus dem **Loch Ness** kommenden Flusses **Ness.** Die gälische Vorsilbe „inver-„ weist wie das „aber-„ in **Aberdeen** *(abèrdîn)* auf eine Flußmündung hin.

Hier einige andere Bestandteile schottischer Städte- und Gebietsnamen:

ach-, auch-	*ach, åch*	Feld, wie in **Auchenleck** *(åchinlek;* Feld der flachen Steine)
alt-, ault-	*alt, ålt*	Bach, wie in **Altnabreac** *(altnabrek;* Forellenbach)
ard-	*ard*	Höhe, wie in **Ardfern** *(ardfèrn;* Erlenhöhe)
bal-	*bal*	Wohnstatt, wie in **Balgowan** *(balgaüèn;* Wohnstatt des Schmieds)
brae-	*brê*	Hang oder Anhöhe, wie in **Braemar** *(brêmâr;* Höhe von Mar)
dal-	*dal*	Feld oder Wiese, wie in **Dalkeith** *(dalkîth;* Waldwiese)
drum-	*dram*	Bergrücken, wie in **Drumbuie** *(drambjüî;* gelber Bergrücken)
finn-	*fin*	weiß, wie in **Findon** *(findèn;* weißer Berg)
glen-	*glen*	Tal zwischen hohen Bergen, wie in Glencoe *(glenkô;* enges Gebirgstal)
kil-	*kil*	Kirche, wie in **Kilbride** *(kilbraid;* Kirche der heiligen Brigitte)

knock-	*nåk / kråk*	Hügel, wie in **Knockandu** *(nåkèndüü;* schwarzer Hügel)
muir-	*müür*	Moor, wie in **Muirkirk** *(müürkèrk;* Kirche im Moor)
pit-	*pit*	Gehöft, wie in **Pitmedden** *(pitmedn;* mittlerer Hof)
strath-	*ßtrath/ßtrâ*	weites Tal, wie in **Strathblane** *(ßtrathblên;* Tal der kleinen Blumen)
tom-	*tåm*	runder Hügel, wie in **Tomnavoulin** *(tåmnavülin;* Mühlenberg)

Die Vorsilbe **kin-** *(kin;* Spitze), wie in **Kingussie** *(kinjüüßî;* Ende des Fichtenwaldes) ist ebenfalls oft vorhanden. Als *(j)* gesprochen oder völlig stumm findet man die Buchstaben **g** und **z** heutzutage nur noch in Orts- oder Familiennamen. Ein Beispiel bei den Nachnamen ist **Menzies** *(miñèß),* was aber heute oft auch *(mensîs)* gesprochen wird, vor allem wenn man eine gewisse Zeitschriften- und Schreibwarenladenkette meint.

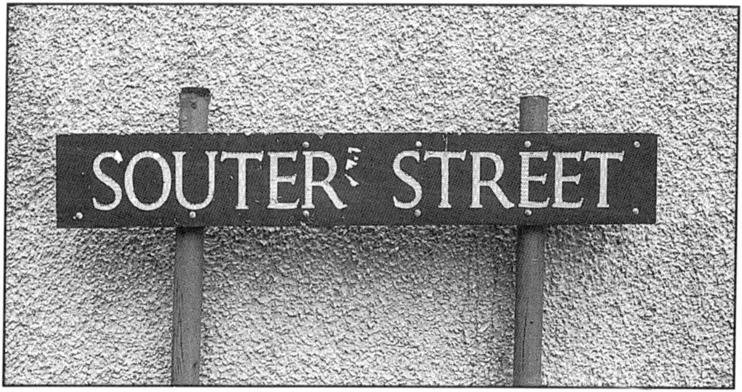

Die Berge des Hochlands haben das gälische Wort für Berg **beinn** *(ben),* oft als **Ben** geschrieben, im Namen. Der höchste Berg Schottlands ist der **Ben Nevis** *(ben nevíß),* was gemeinhin als „Himmelsberg" gedeutet wird, aber auch „bösartiger Berg" heißen kann. Schottlands Berge sind nicht so hoch und sehen nicht so gefährlich aus wie etwa die Alpen. Aber es kommt gerade deshalb immer wieder vor, daß Wanderer oder Kletterer in Not geraten. Am Ben Nevis ist so etwas keine Seltenheit, und damit hat auch die zweite Auslegung des Namens ihre Berechtigung.

Es folgen ein paar Beispiele für andere Bergnamen. Ein **bh** wird hier nach gälischer Manier als *(v)* ausgesprochen:

Beinn Bhan	*ben van*	weißer Berg
Beinn Bheag	*ben vek*	kleiner Berg
Beinn Bhreac	*ben vrek*	gefleckter Berg
Beinn nam Ban	*ben nam pan*	Frauenberg
Beinn nan Caorach	*ben nan kårach*	Schafsberg
Beinn an t-Sneachda	*benan ßnåchk*	Schneeberg
Ben Lawers	*ben lååèrs*	Echoberg
Ben More	*ben måår*	großer Berg
Ben Tee	*ben tî*	Feenberg
Crois Bheinn	*kråß vèn*	Kreuzberg
Fuar Bheinn	*füür vèn*	kalter Berg
Glais Bheinn	*glaß vèn*	grüner Berg
Suilbheinn	*ßülvèn*	Säulenberg

Ein **carn** *(karn)* oder **cairn** *(kêrn)* ist ebenfalls ein Berg, aber einer, der mit Felsen oder Steinen bedeckt ist. Das Wort **cairn** bezeichnet einen Steinhaufen, entweder natürlichen, eiszeitlichen Ursprungs oder aber von Menschenhand geschaffen, etwa über einer Grabstätte. Der bekannteste Berg dieses Namens ist der **Cairngorm** *(kêrngårm)*, heute vor allem von Skiläufern aufgesucht, wenn auch die umliegenden Gipfel noch viel Platz für **hillwalkers** *(hilwååkèrs;* Bergwanderer) bieten. Beim Wandern gelangt man dann unter anderem auch an die entlegenen Hochtäler, die wegen ihrer runden Form mit dem Namen **corrie** *(kårî)* bezeichnet werden.

Spezielle Arten von Erhebungen werden mit anderen Namen belegt als **ben,** wie zum Beispiel:

cnoc / knowe/ knoll	*nåk, kråk / naü / nôl*	Hügel
cnocan	*nåkèn, kråkèn*	kleiner Hügel
creag	*krêk*	Felsen
cruach	*krüach*	steiler, runder Hügel
meall	*mjal*	runder Berg
sgurr	*ßkèr*	runder, spitzer Berg o. Fels
stob	*ßtåp*	Gipfel

Nicht auf der Landkarte zu finden sind die von Bergsteigern oft erwähnten **Munros** *(mènrôs)*. Das ist ein Sammelbegriff für alle Gipfel mit einer Höhe über 3000 Fuß (ca. 915 Meter), aufgelistet von einem gewissen **Hugh Munro** *(chüü mènrô)*.

Gälisch sind auch die Namen der schottischen Seen, die nicht **lake** *(lêk)* heißen, sondern **loch** *(låch)*. Ein kleiner Binnensee ist ein **lochan** *(låchèn)*. Der **Lake of Menteith** *(mentîth)* stellt die einzige Ausnahme dar, auf der die alte Scherzfrage beruht: **How many lakes are there in Scotland?** Die richtige Antwort ist also: **One.** Das ist zwar

Wortklauberei, aber der schottische Ausdruck hat in der Tat eine andere, weitere Bedeutung als das englische „lake". Als **loch** oder **sea loch** *(ßî låch)* bezeichnen die Schotten nämlich auch die langen, schmalen Meeresbuchten der Westküste, die bei den Norwegern Fjorde genannt werden.

Vom Loch Ness war schon die Rede; hier noch einige andere:

Loch Ailort	*låchailèrt*	Schneeschauersee
Loch Aline	*låchalin*	schöner See
Loch Awe	*låchåå*	Wassersee; ebenso doppelt gemoppelt wie Loch Ness
Loch Broom	*låch brüüm*	Regensee
Loch Fyne	*låch fain*	mittlerer See
Loch Garve	*låch garv*	rauher See
Loch Lomond	*låch lômènd*	Ulmensee
Loch Long	*låch lån̄*	Schiffssee
Loch Maddy	*låch madî*	Hundesee
Loch Nagar	*låch nagâr*	Ziegensee
Loch Rannoch	*låch ranèch*	Farnsee

Was fließende Gewässer angeht, so heißt ein Fluß wie im Englischen **river** *(rivèr),* aber die breite Mündung eines Flusses ins Meer **firth** *(fèrth).* Ein Bach ist im Schottischen ein **burn** *(bèrn),* und ein Wasserfall **linn** *(lin).*

Zum Schluß noch ein paar ausgewählte Inseln dazu, und die Landkarte ist komplett. Die Endsilbe **-ay**, meist *(ê)* gesprochen, kennt man im Deutschen aus Namen wie „Norderney" und dem Wort „Eiland" für Insel.

Arran	*arèn*	**Mull**	*mal*
Colonsay	*kålènßê*	**Pabay**	*pabê*
Iona	*aiôna*	**Raasay**	*râßê*
Islay	*ailê*	**Rhum**	*ram*
Jura	*dschüüra*	**Skye**	*ßkai*
Lewis	*lüiß*	**Uist**	*jüißt*
Mingulay	*miñgjülê*		

Was die Aussprache anderer, vor allem gälischer Namen betrifft, so empfiehlt es sich, an Ort und Stelle Erkundigungen einzuziehen. Als man begann, Gälisch mit lateinischen Buchstaben zu schreiben, hat man ein System entwickelt, das an schierem Wahnsinn kaum zu überbieten ist. **Aberdeen** zum Beispiel wird **Obair Dheathain**, und die Region **Argyll** *(argail)* schreibt sich **Earraghaidheal**.

Unterwegs ...

Wenn man sich moderner Verkehrsmittel bedient, braucht man einen modernen, vorwiegend englischen Wortschatz. Auch für schottische Besonderheiten wie die **single-track roads** *(ßiñgl trak rôds)* des Hochlands ist der Name englisch. Gemeint sind einspurige Straßen, auf denen Vorbeifahren am Gegenverkehr wie Überholen nur an Passierstellen, den **passing places** *(pâßin plêßis)* möglich ist.

Zu den wenigen rein schottischen Ausdrücken zum Thema Transport und Verkehr gehören die folgenden:

brig	*brig*		Brücke
clippie	*klipî*	*Abschneider*	Schaffner(in)
dannylion	*danîlaièn*	*Löwenzahn*	Politesse
stance	*ßtânß*		Bushaltestelle
wimple	*wimpl*		Serpentine

Von Häusern und Straßen

Für die Orientierung innerhalb von Städten und Dörfern ist Vertrautheit mit schottischem Sprachgebrauch ebenso hilfreich wie für das Zurechtfinden in natürlicher Umgebung. Mit den Engländern gemeinsam haben die Schotten die Unterscheidung von **street** *(ßtrît)* und **road** *(rôd)* für Straßen innerhalb und außerhalb von Ansiedlungen sowie Durchgangsstraßen. Weiterhin nennen die Schotten einen Platz ebenfalls **square** *(ßkwêr)*. Das Wort **place** *(plêß)* bezeichnet eine Nebenstraße oder aber ein Bebauungsgebiet, das direkt an eine Straße grenzt.

In schottischen Städten haben Straßennamen oft den Namen des Stadtviertels als ersten Bestandteil, so daß man die Gegend leicht bestimmen kann, jedoch auch genau hinschauen muß, um sich nicht zu vertun, wie zum Beispiel im Edinburgher Stadtteil **Marchmont** *(martschmènt)* zwischen **Marchmont Road, Marchmont Place** oder **Marchmont Crescent** *(kreßnt).* Sollte man sich geirrt haben, ist das Gesuchte natürlich dennoch in der Nähe. Das Wort **crescent** weist auf eine halbmondförmige Straße hin, während ein **circus** *(ßèrkèß)* kreisförmig angelegt ist.

Andere Wörter auf schottischen Stadtplänen sind:

bow, port	*bô, pårt*	Torbogen
close	*klôß*	Hof; auch Eingang zu einem **tenement** *(tenèmènt)* oder **land** *(lan),* einem Haus mit separaten Wohnungen auf drei oder mehr Stockwerken
gate	*gêt*	*Gang,* in Zusammensetzungen die Bezeichnung für eine Straße, und nicht wie im Englischen für ein Tor
lane	*lên*	Gasse, Pfad
links	*liñkß*	wellige Grasfläche, meist über Sandboden in Küstennähe; auch ein hier angelegter Golfplatz
tron	*trån*	Stadtzentrum: der ehemalige Marktplatz oder das Gebäude, das an einem solchen steht; der Name ist eigentlich das Wort für die früher dort benutzte öffentliche Waage
vennel	*venèl*	schmale Gasse
wynd	*wain*	enge, oft gewundene Gasse
yett	*jet*	Tor

Wie überall in Großbritannien bewohnen die meisten Familien in Schottland ein eigenes Haus oder eine Eigentumswohung, die als **flat** *(flat)* oder auch als **hoose** *(hüüß)* bezeichnet wird. Wenn man also zu jemandem nach Hause eingeladen wird, braucht man nicht unbedingt nach einem Einfamilienhaus zu suchen, sondern es kann auch eine Wohnung sein, die über das **stair** *(ßtêr;* Treppenhaus) erreicht wird. Im Erdgeschoß von höheren Gebäuden gibt es oft auch ein **main door hoose** *(mên dåår hüüß)* mit separatem Eingang von der Straßenseite aus.

Auf dem Land findet man weitere spezifisch schottische Arten von Gebäuden oder Gebäudenamen:

big hoose	*big hüüß*	*großes Haus*	Wohnsitz des Eigentümers auf einem **estate** (s. unten)
biggins	*bigins*		weitere kleine Wohnhäuser auf einem Gut
black hoose	*blak hüüß*	*schwarzes Haus*	heute nur noch als Museumsstück zu findendes Hochlandgehöft mit einem einzigen Raum, und Feuerstelle in dessen Mitte
bothy	*båthî*		Hütte; im Nordosten früher die Unterkunft für Saisonarbeiter
broch	*bråch*		runder Festungsbau aus der Zeit um Christi Geburt
but'n ben	*ba'nben*	*draußen und drinnen*	längliches Bauernhaus mit zwei Zimmern und einem Eingang
clachan	*klachèn*		Siedlung, Dörfchen
crannog	*kranèk*		Pfahlhaus; heute nur noch in

			Überresten zu findende Behausung an Binnenseen
croft	*kråft*		Kate, Kleinbauernhaus im Hochland
doocot	*düükèt*		Taubenhaus
drystane dyke	*draißtên daik*	*Trockensteinwall*	mörtellose Mauer aus Natursteinen
estate	*ißtêt*		Landgut
manse	*manß*		Pfarrhaus
single-end	*ßiñgèlen*		Häuschen mit nur einem Zimmer; in der Stadt auch Ein-Zimmer-Wohnung
wee hoose	*wî hüüß*	*kleines Haus*	Außentoilette

Die letztgenannten Außenklos findet man nur noch selten, aber der Ausdruck hat sich länger gehalten als die Einrichtung. Dasselbe gilt für die Wendung **come awa ben!** *(kam èwåå ben; komm weg herein!)*. Mit diesen Worten wurde man früher in einem **but'n 'ben** in das hintere Zimmer, also die gute Stube gebeten. Das Vorzimmer wurde unter anderem auch als Stall genützt! Heute ist die Redewendung eine generell gebräuchliche Einladung zum Betreten eines Hauses oder einer Wohnung, gleich ob auf dem Land oder in der Stadt.

Die Toilette wird auch folgendermaßen genannt:

bog	*båg*	Sumpf
cludgie	*kladschî*	Klo
shankie	*schañkî*	Klo (von Shanks, einem Großhersteller von Sanitäranlagen)
shitehoose	*schaithüüß*	Scheißhaus
yuffie / duffy	*jafî / dafî*	*feuchtweiche Masse* Klo

Weiter findet man in einem Haus noch:

dunny	*danî*	Keller
laft / loft	*laft / låft*	Dachgeschoß
vent	*vent*	Rauchabzug
lum	*lam*	Schornstein

Eine bekannte Segensformel lautet daher:

Lang may yer lum reek ...
lang mê jèr lam rîk ...
Lange mag dein Schornstein rauchen ...

Die Fortsetzung hört man aus verständlichen Gründen weniger oft.

... an yer hurdies fyke.
... an jèr hèrdîs faik
... und deine Hüften sich hin und her bewegen.

Wetter und Gegenmaßnahmen

Das Wetter ist ein heikles Thema in Schottland. Die nördliche Lage und der Meereseinfluß schaffen ein enorm wechselhaftes Klima. Böse Zungen behaupten gar, Schottland habe überhaupt kein Klima, sondern kenne nur Pröbchen von verschiedenen Witterungen. Wie dem auch sei, eine Bemerkung über das Wetter ist einer der gebräuchlichsten Gesprächsanfänge. Falls es schön ist, ist das an sich schon bemerkenswert, und falls es schlecht ist, kann man sich wenigstens darüber beklagen.

In beiden Fällen kann es aber eine Viertelstunde später schon ganz anders aussehen. Auf gutes Wetter kann man sich nicht verlassen; das wissen die Schotten nur zu genau. Man kann zur Begrüßung und Erwiderung wohl folgendes sagen:

Rare day the day!
rêr dê thè dê
seltener Tag der Tag
Selten schöner Tag heute!

Aye, but it winnae keep up!
ai bètit winè kîpap
ja aber es wird-nicht halten hoch
Ja, aber es wird nicht anhalten!

In diesem Sinne hier zunächst einmal der Wortschatz für angenehmes Wetter:

braw	*bråå*		schön
lithesome	*laithßèm*	*geschützt*	lind
maumie	*måâmî*	*weich*	mild

Das wäre es eigentlich schon. Für einen Bauern mag noch **growthy** *(grôthî; wachstumsmäßig)* dazugehören. Dies bezeichnet feuchtwarme Witterung, bei der die Pflanzen gut gedeihen, im Gegensatz zu **drouthy** *(drüthî;* (zu) trocken).

Und nun zu unangenehmen Dingen:

blashy	*blaschî*	naß und windig
cauld	*kåål*	kalt
cauldrif	*kåålrif*	zum Frieren
coorse	*küürß*	unwirtlich
cuil	*küül*	kühl
dour	*düür*	ungemütlich
dreich	*drîch*	trübe
drumly	*dramlî*	düster
gowany	*gaüènî*	*gänseblümchenmäßig* trügerisch-heiter
gowsty	*gaüßtî*	stürmisch
snell	*ßnel*	bitterkalt

Zu den unerfreulicheren Wettererscheinungen, die man erleben kann, gehört auch der vor allem an der Ostküste bekannte **haar** *(hâr),* ein feiner, feuchter, hartnäckiger Nebel, der vom Meer her ins Land zieht. Ähnlich unter die Haut gehen kann der **Scotch mist** *(ßkåtsch mißt;* schottischer Nebel) genannte feine Nieselregen. Als **hail watter** *(hêl wâ'èr;* Hagelwasser) bezeichnet man einen extrem kräftigen Regen, der durch den Wind oft einen **sklent** *(ßklent),* eine schräge Fallrichtung hat und manchmal sogar horizontal zu kommen scheint, was den Gebrauch von Regenschirmen recht schwierig macht.

Für solche und andere Wetterphänomene gibt es einen reichen Schatz an lokal oder regional verbreiteten Ausdrücken; davon mehr aufzuführen, wäre hier aber unnötig, und würde dazu wohl unangemessen abschreckend wirken. Deshalb lieber schnell zu dem, womit man den Körper gegen die Witterungseinflüsse bedeckt.

Kleidung

Der Schotte im karierten Rock, im **kilt** *(kilt)* ist heute so etwas wie das weltweit bekannte Wahrzeichen für das ganze Land, auch wenn dieses Kleidungsstück nicht mehr gar zu häufig anzutreffen ist, und die meisten Schotten sich so anziehen wie andere Westeuropäer.

Dennoch trägt man den Kilt mit Stolz an Festtagen und zu anderen Gelegenheiten, vor allem im Hochland und auf den Hebriden, wo die Zugehörigkeit zu einem **clan** *(klan)* noch eine große Rolle spielen kann.

Weitere Wörter zum Thema Kleidung:

Arran sweater	*arèn ßwetèr*	dicker, einfarbiger Wollpullover, benannt nach der Insel **Arran**
bonnet	*bånèt*	schirmlose Wollmütze
braws	*bråås*	Sonntagsstaat
breeks	*brîkß*	Hosen; auch Unterhosen
claes	*klês*	Kleidung
goon	*güün*	Nachthemd
jammies	*dschamîs*	Schlafanzug (von **pyjamas**)
Paisley pattern	*pêslî pa'èrn*	in der Stadt **Paisley** entworfenes buntes Stoffmuster, nach indisch-arabischen Vorbildern
plaid	*plêd*	karierte Decke, früher zum togaähnlichen großen Kilt um den Körper gewickelt
sark	*ßark*	Hemd
sgian dhu	*ßkîèn düü*	*schwarzes Messer:* Zierdolch, zum Kilt im Strumpf getragen

shae, shoon	*schê, schüün*	Schuh, Schuhe
sporran	*ßpårèn*	vor dem Kilt hängende Ledertasche
tartan	*tar'n*	karierter Stoff
tam o'shanter / tammie	*tamèschântèr* *tamî*	Mütze mit Bommel
tourie	*tüürî*	Bommel
tartan trews	*tar'n trüüs*	karierte Hosen, heute vorwiegend von Militärs getragen
togs	*tågs*	Klamotten
wellies	*welîs*	Gummistiefel, so genannt nach dem irischen General und Politiker Wellington (1769-1852)

Scuddies *(ßkadîs)*, so ungefähr das, was die Münchner „Nackerte" nennen, sind in Schottland aus zwei Gründen selten zu sehen: Religion und Witterung wirken hier sozusagen Hand in Hand zur Wahrung von Zucht und Sitte.

Was da kreucht und fleucht

Das berühmteste schottische Tier ist fraglos **the Loch Ness monster** *(thè lách neß månßtèr),* das sagenhafte Ungeheuer vom Loch Ness. Das meistgesehene Tier hingegen ist in Schottland eine weniger spektakuläre Kreatur, **sheep** *(schîp)* genannt: das Schaf.

Die Hochland-Straßen führen fast immer durch Weideland für **Cheviot** *(tschîvîèt)* oder **Linton** *(lintèn).* Erstgenanntes ist ein rein weißes Bergschaf; das andere heißt auch **blackface** *(blakfêß).* Die Zäune, die ein Weidegebiet vom anderen trennen, werden ergänzt durch Metallgitter in den Straßen. Das sind die **cattle grids** *(ka'l grids; Rindergitter),* wenn sie auch eindeutig eher für Schafe gedacht sind.

Das Wort **sheep** ist natürlich viel zu allgemein für Schafhalter. Hier ein paar der genaueren Bezeichnungen:

belled wether	*beld wethèr*	*beglockter Hammel* Leithammel
dinmont	*dimènt*	Schaf zwischen der ersten und zweiten Schur, also 1 1/2 bis 2 1/2 Jahre alt
hog	*hág*	Jährling vor der ersten Schur
tuip, tup	*tüüp, tap*	Widder
yowe	*jaü*	Mutterschaf

Zum Schaf gehört der schottische Schäferhund, der **collie** *(kålî)* in seiner schwarz-weißen Urform, von der die Zierrasse und somit auch der Fernsehhund **Lassie** *(laßî;* Mädchen) abstammt. Echte Collies sind Arbeitstiere. Es sind Hirtenhunde mit einer beeindruckenden Intelligenz, die sie auch in Wettbewerben, **(sheep dog trials;** *schîp dåg traièls),* unter Beweis stellen. Diese Vorführungen allein lohnen schon den Besuch einer Landwirtschaftsschau oder **show** *(schô).*

Einige weitere Haus-, Nutz- und Wildtiere, soweit nicht im Kapitel „Essen“ abgehandelt:

Aberdeen Angus	*abèrdîn añgèß*	schwarze, schwere, hornlose Rinderrasse aus der Gegend zwischen **Aberdeen** und **Dundee**
baudrons	*båådrèns*	Mieze
capercailie	*kapèrkêlî*	Auerhuhn
coo, kye	*küü, kai*	Kuh, Kühe
corbie	*kårbî*	Rabe
craw	*kråå*	Krähe
dug	*dag*	Hund
garron	*garèn*	kleines Zugpferd
gibbie	*gibî*	Katze
Hieland cattle	*hîlèn ka'l*	Hochlandrind (klein, braun, langhaarig und lang behörnt)
lintie	*lintî*	Lerche
midgie	*midschî*	Stechmücke
mowdiewort	*maüdîwèrt*	Maulwurf
penny dug	*penî dag*	*Pfennighund* einer, der schön bei Fuß geht (damit seinem Herrn kein Penny abhanden kommt)
pownie	*paünî*	Reitpferd
sheltie	*scheltî*	Shetlandpony
soo	*ßüü*	Sau
stirk	*ßtèrk*	Mastochse
tike	*taik*	Köter
westie	*weßtî*	kurz für **West Highland terrier**
whaup	*wååp*	Brachhuhn
whitrat / futret	*witrèt / fatrèt*	Frettchen

Was da grünt und blüht

Die auffälligste aller Pflanzen in Schottland ist **heather** *(hethèr;* Heidekraut), das vor allem im Hochland große Flächen bedeckt und je nach Jahreszeit die Farben bestimmt. Die Wappenblume Schottlands aber ist die Distel, **thistle** *(thißl)* genannt. Beide Bezeichnungen sind mit den englischen identisch. Es gibt aber natürlich vieles aus der Botanik, was rein schottische Namen trägt. Hier eine Auswahl:

bad-money	*badmanî*	*Schlechtgeld:* Enzian
bere	*bîr*	Gerste (hiervon stammt der Name für den Gerstensaft ab)
birk	*bèrk*	Birke
bloomin	*blüümin*	blühend; im übertragen Sinne eine salonfähigere Version von **fuckin** *(fakin; fickend)*, das überall einbaubare Allerweltsschimpfwort
bluidy fingers	*bladî fiñgèrs*	*blutige Finger* Fingerhut
bourtree	*büürtrî*	Holunder
brammle	*braml*	Brombeere
brawlins	*bråålins*	Preiselbeere
breckan	*brekèn*	Farn
breer	*brîr*	Wildrose
broom	*brüüm*	Ginster
crack nut	*krak nat*	Haselnuß
docken	*dåkèn*	Ampfer; **no gie a docken** *nô gî è dåkèn (nicht geben einen Ampfer)* nichts darum geben
dusty miller	*daßtî milèr*	*staubiger Müller* Aurikelart mit weißgepudertem Aussehen

gean	*gîn*	Wildkirsche
gowan	*gaüèn*	Gänseblümchen
groset	*gråßèt*	Stachelbeere
haver	*hêvèr*	Hafer (auch: Unsinn reden)
hissel	*hißl*	Haselstrauch
jag	*dschag*	Dorn, Stachel
larick	*larik*	Lärche
ramps	*rampß*	Bärenlauch
rone	*rôn*	Dickicht
rowan	*raüèn*	Eberesche
shank	*schañk*	Stamm; Stiel
shilagie	*schilagî*	Huflattich
siven	*ßivèn*	Waldhimbeere
sourock	*ßüürèk*	Sauerampfer; (auch: Griesgram)
speengie rose	*ßpîndschî rôs*	*spanische Rose* Pfingstrose
whin	*win*	Stechginster
willie	*wilî*	Weide
wormit	*wèrmit*	Wermut

Essen und Trinken

Schottisches Essen – Essen in Schottland

Wie die Überschrift schon andeutet, ist nicht beides dasselbe. Was die Schotten essen, ist heute eine Mischung aus traditioneller und internationaler Küche. Bei den Restaurants gibt es reichlich indische, chinesische, italienische und allerlei andere, aber nur wenige, die sich auf schottische Küche spezialisieren. Falls man jedoch eines hiervon findet, sollte man sich die Gelegenheit nicht entgehen lassen, eines der folgenden Gerichte auszuprobieren:

Aus dem Meer

Cullen skink *kalèn ßkiñk*
Cremesuppe mit geräuchertem Schellfisch
Cullen ist ein Küstenort in Nordostschottland; **skink** bezeichnet eigentlich einen Rindsknochen, oder eine daraus gekochte Suppe.

Partan bree *par'n brî*
Krebssuppe mit Reis und Sahne

Arbroath smokies *arbrôth ßmôkîs*
Über Holzfeuer langsam geräucherter kleiner Schellfisch, meist warm serviert. **Arbroath** ist ein Ort im Nordosten Schottlands, wo man diese Räuchermethode perfektioniert hat.

Finnan haddie *finèn hadî*
Golden geräucherte Schellfischfilets, meist gedünstet und in cremiger Sauce. Benannt nach dem Ort **Findon** an der Nordostküste.

Scotch salmon *ßkåtsch ßamèn*
Lachs, auf verschiedenste Weisen zubereitet

Cod in mustard sauce *kådin maßtèrd ßååß*
Kabeljau in Senfsauce

Fried herrings in oatmeal *fraid herinsin ôtmîl*
Gebratener Hering, mit Hafermehl paniert

Dazu noch viele andere Arten von Salz- und Süßwassergetier, denn kein Ort in Schottland ist vom Wasser allzu weit entfernt!

ling	*liñ*	Leng
lobster	*låbßtèr*	Hummer
mussels	*maßls*	Miesmuscheln
oysters	*oißtèrs*	Austern
mackerel	*makèrèl*	Makrele
pike	*paik*	Hecht
sole	*sôl*	Scholle
trout	*traüt*	Forelle
whiting	*waitiñ*	Weißfisch

Dem **ham-a-haddie** (Schinkenschellfisch) begegnet man eigentlich nur in der folgenden Redensart, wobei der Nachsatz jeweils unausgesprochen bleibt:

yon´s a fine ham-a-haddie
jånsè fain hamèhadî
das-ist ein feiner Schinken–Schellfisch –
(aber in meiner Pfanne brätst du ihn nicht.)
das ist eine prima Geschichte –
(aber mir kannst du keinen Bären aufbinden!)

Geflügel und Wild

Cock-a-leekie *kåkèlîkî* *Hahn-Lauch*
Hühnersuppe mit Lauch und Backpflaumen.

Howtowdie *haütaüdî*
Brathuhn mit Füllung in einer Sauce mit Hühnerleber und pochierten Eiern. Ein **howtowdie** ist in Scots eine Junghenne, die noch keine Eier legt, und übertragen dann auch eine unverheiratete junge Frau.

Grouse / capercaillie *graüß / kapèrkêlî*
sind wildlebende schottische Moorhühner. Die Jagdsaison beginnt am 12. August, dem **Glorious Twelfth** *(glåårièß twelfth; glorreicher Zwölfter),* wenn Horden von wohlhabenden Leuten, vorwiegend in England ansässig, in den Hochlandrevieren einfallen. Die örtliche Bevölkerung hat meist nur die Chance, als **beater** *(bîtèr)* an dem Geschehen teilzunehmen. Die Arbeit dieser „Schläger" besteht darin, die Tiere vom Boden aufzuscheuchen.

Auch die Jagd auf anderes Wild und das Angeln nach Lachsen ist ein Privileg der Reichen, die sich dabei von einem revierkundigen **gillie** *(gilî)* führen lassen. Man sollte sich ernsthaft fragen, ob man durch den Verzehr von **venison** *(venisèn;* Hirsch oder Reh) und **pheasant** *(fesnt;* Fasan) dieses System unterstützen will.

Beim Lachs kann man beruhigter zulangen, denn der weitaus meiste Lachs kommt aus der Küstenfischerei oder von ebenfalls an der Küste gelegenen Fischfarmen. Mit der Angel gefangene Lachse landen meist nicht im Handel, es sei denn, der Angler war ein **poacher** *(pôtschèr;* ein Wilderer).

Hausmannskost

mince´n tatties *minßn tatîs* Hackfleisch und Kartoffeln

Dies ist wohl das meistgekochte schottische Gericht überhaupt. Rinderhack wird mit Zwiebeln angebraten, mit Rinderbrühe übergossen und geschmort. Dazu gibt es Kartoffelbrei.

stovies *ßtôvîs* Kartoffelauflauf

mit Schinken, Schinkenspeck oder Hühnerfleisch

Scotch Broth *ßkåtsch bråth* Graupeneintopf

mit Hammelfleisch

Wie in England heißt die Morgenmahlzeit **breakfast** *(brekfèßt)* und das Mittagessen **lunch** *(lantsch)*. Die alltägliche Hauptmahlzeit, das Abendessen, nennt man **supper** *(ßapèr)*, **dinner** bzw. **denner** *(denèr)*, oder auch **tea** *(tî)*.

Achtung: Nur ein **cup o´tea** *(kapètî)* ist wirklich auch eine Tasse Tee:

Will ye come roon for yer tea?
wil ji kam rüün fèr jèr tî
wirst du kommen herum für deinen Tee
Kommst du vorbei zum Abendessen?

Dies ist wichtig beim Verständnis eines alten Vergleichs, in dem die nicht nur nach eigener Einschätzung extrem gastfreundlichen **Glaswegians** *(glaswîdschèns)* die Bewohner von **Edinburgh** *(ednbèrè)* als das genaue Gegenteil brandmarken. Wenn man ein Haus in Glasgow besucht, so heißt es, wird man gefragt

Ye will stay for yer tea?
ji wil stê fèr jèr tî
du wirst bleiben für deinen Tee
Du bleibst doch zum Essen?

Die Edinburger Standardfrage dagegen, so sagt man, lautet

Ye will have had yer tea?
ji wil hèv hâd jèr tî
du wirst haben gehabt deinen Tee
Du hast doch sicher schon gegessen?

Die Glaswegians würden aber sogar ihren Erzrivalen aus Edinburgh niemals nachsagen wollen, daß dort Gästen noch nicht einmal eine Tasse Tee angeboten wird.

Der schnelle Imbiß

Den bekommt man im **chippie** *(tschipî),* nicht selten von italienischen Einwanderern betrieben. Standardgericht ist das **fish supper** *(fisch ßapèr).* Es besteht aus Fischfilet, meist **haddock** *(hadèk;* Schellfisch) und Pommes Frites. Der Fisch ist frittiert in **batter** *(ba'èr),* einem dünnen Rührteig. Wenn man keine Fritten dazu will, bestellt man einen **single fish** *(ßiñgl fisch),* und die gleiche Unterscheidung zwischen **supper** (mit) und **single** (ohne) gilt für die anderen Dinge, die es hier gibt.

Dazu gehören wie in England **pies** *(pais),* Blätterteigpasteten mit verschiedenen Fülllungen. Typisch für Schottland sind die **bridies** *(braidîs),* auch nach dem Ort **Forfar** *(fårfèr)* als **Forfar bridies** bekannt, mit Rindfleisch- und Zwiebelfüllung in einer Art Brotteig. Frittiert in **batter** werden **black puddin** *(blak püdn),* **red puddin** und **white** *(wait)* oder **mealie** *(mîlî)* **puddin.** Das erste ist eine Art Blutwurst, das zweite und dritte sind gleich geformte, aber anders gefärbte Würste mit beziehungsweise aus Hafermehl. Beim Verpacken wird im Westen Schottlands gefragt: Im Osten heißt es:

Salt'n vinegar?	**Salt'n sauce?**
såå'n vinègèr	*såå'n ßååß*
Salz und Essig?	Salz und Sauce?

Im zweiten Satz ist ein dunkelbrauner Ketchup nach Art der Marke „HP“ *(eitschpî)* gemeint.

Zwei besondere Dinge gibt es hier noch zu erwähnen, aus unterschiedlichen Gründen. Zum einen eine Art Fleischwurst, die unter der Bezeichnung **smoked sausage** *(ßmôkd ßåßidsch)* läuft, und ebenfalls – allerdings meist ohne Teig – frittiert wird. Der größte Andrang im **chippie** herrscht nun meist kurz nach Kneipenschluß, und es ist die Frage, ob man dann noch imstande ist, ohne Holpern die Bestellung **a smoked sausage supper** *(è ßmôkd ßåßidsch ßapèr)* aufzugeben. Falls jemand etwas total Unverständliches nuschelt, ist die Wahrscheinlichkeit aber nicht gering, daß das erfahrene Personal ihm genau das Gericht serviert, das für alkoholisierte Kunden am schwersten auszusprechen ist.

Zum Schluß noch das schottischste aller Gerichte, der **haggis** *(hagiß)*. Im **chippie** wird er auch in Wursthülle und **batter** zubereitet, aber die traditionelle Art, Haggis zu kochen, ist in einem Schafsmagen. Hauptbestandteil sind die Innereien des Schafs, vor allem Leber und Herz, vermischt mit Hafermehl, und gut gepfeffert. Haggis schmeckt ungefähr wie warme, grobe Leberwurst, und ist uneingeschränkt zu empfehlen. Daheim ißt man ihn mit **neeps'n tatties** *(nîpßn ta'îs)*, pürierten gelben Rüben und Kartoffelbrei.

andere Wörter zum Thema Essen:

bannock	*banèk*	runder, flacher Kuchen
belly-timber	*belîtimbèr*	*Brennholz für den Bauch* Fressalien
brose	*brôs*	Hafer- oder Erbsenmehl mit Wasser oder Milch, und Salz und Butter heiß angerührt
bubblyjock	*bablîdschåk*	Truthahn
caller	*kåålèr*	frisch
clapshot	*klapschåt*	Kartoffelbrei mit pürierten Rüben
clootie dumplin	*klüüti damplin*	*Tuchkloß* eine Art Früchtebrot, das man in einem Tuch in heißem Wasser siedet

foosty	*füüßtî*	alt, vergammelt (bei Fisch, Obst, Gemüse)
kail	*kêl*	Kohl; kommt auch in Redensarten vor wie: **cauld kail het again** *kååld kêl het ègen, kalter Kohl wieder gewärmt:* jede Art von Resteessen, oder übertragen „kalter Kaffee"; **scaud ane's lips on ither fowks' kail** *ßkååd êns lipß ån ithèr faükß kêl, sich die Lippen an anderer Leute Kohl verbrühen:* durch Einmischung in fremde Angelegenheiten in Mißkredit geraten

dook	*düük*	eintunken
gruel	*grüèl*	Haferschleim
gust	*gaßt*	Geschmack, Probierhappen
jeelie	*dschîlî*	Gelee; Marmelade
hummie	*hamî*	Prise
hungert	*hañgèrt*	hungrig
meat	*mît*	*Fleisch* Essen
nip	*nip*	scharfer oder saurer Geschmack
pan loaf	*pan lôf*	*Pfannenlaib* Brot mit einer knusprigen Kruste, im Gegensatz zum **plain loaf** *plên* = einfacher Laib; übertragen bezeichnet pan loaf eine gestelzt-vornehme Aussprache
piece	*pîß*	Butterbrot, Sandwich
parritch	*paritsch*	Haferbrei
sappie	*ßapî*	saftig, weich
scones	*ßkåns*	Teegebäck, mit Butter und Marmelade gegessen

shortbread	*schårtbred*	*Kurzbrot* Butterkeks
stappit fu	*ßtapit füü*	*vollgestopft* pappsatt
stervin	*ßtervin*	*verhungernd* extrem hungrig
sunkets	*ßañkètß*	Leckereien
syboes / sybies	*ßaibîs*	grüne Zwiebeln
toom	*tüüm*	*leer* ausgehungert
wersh	*wèrsch*	fade, ungenießbar

Alles Käse

Leider oft nicht so einfach zu finden sind traditionelle schottische Käsesorten, die aber durchaus zu den Delikatessen des Landes gehören, und den Vergleich mit französischen oder italienischen Vettern nicht zu scheuen brauchen. Augen auf nach den folgenden:

Orkney	*årknî*	kommt von den **Orkney**-Inseln, ist fest, aber sahnig, und auch geräuchert zu finden
Blue Stewart	*blüü ßtjüèrt*	ist ein milder Blauschimmelkäse, dessen weiße Variante dagegen recht salzig schmeckt
Kebbock	*kebèk*	ist ein milder Weichkäse, in Hafermehl gerollt
Crowdie	*kraüdî*	ist eine Art Hüttenkäse, mild im Geschmack
Ramsa	*ramßa*	ist ein sahniger Weichkäse mit wildem Knoblauch

Süßigkeiten

Daß die Statistik den Schotten Europas schlechteste Zähne bescheinigt, liegt sicher nicht zuletzt an den dort beliebten Schleckereien. Man kauft sie am besten in Spezialgeschäften, wo sie aus Bonbongläsern in ein **poke** *(pôk;* Tüte) gefüllt werden. Wer keine Angst vor Karies hat, kann folgendes probieren:

alicreesh	*alikrîsch*	Lakritze
butter scotch	*ba'èr ßkåtsch*	Butterkaramel
Edinburgh rock	*ednbèrè råk*	*Edinburgher Felsen* Zuckerstange
gundy	*gandî*	Toffee
Hawick ba	*håik båå*	*Hawick-Ball* nach der Stadt in den Borders benanntes rundes Lutschbonbon
Jeddart snails	*dschedèrt ßnêls*	*Jedburgh-Schnecken* nach der Stadt in den Borders benannte Toffeeart
lozenger	*låsèndschèr*	*Rauter* Bonbon in Rautenform
pan drop	*pan dråp*	*Pfannentropfen* Pfefferminzbonbon
soor plooms	*ßüür plüüms*	*saure Pflaumen* saure Drops
tablet	*tablèt*	*Tablette* weiches Butterbonbon
taffie apple	*tafiapl*	kandierter Apfel

In kleinen Läden kann man noch viele andere Sorten oft hausgemachter Süßigkeiten kaufen. Etwas zum Schlecken findet man natürlich auch in einem **Jenny-a-things** *(dschenî ååthiñs),* einem Kramladen nach Tante Emma-Art. Heutzutage nennt man ein solches Geschäft aber meist **packie** *(pakî),* denn pakistanische oder indische Einwanderern betreiben vorzugsweise solche Gemischtwarenläden. Hier macht man auch zu abendlicher Stunde noch seine Besorgungen, was man folgendermaßen nennt:

gettin messages *ge'n meßidschis* holen Botschaften einkaufen gehen

Die Kurzform **packie** von **Pakistani** ist eigentlich kein Schimpfwort, genau wie **chinkie** für Chinesen oder China-Restaurants. Nicht selten spiegelt aber der Gebrauch solcher Wörter doch rassistische Überheblichkeit wider, die im krassen Gegensatz zum Gleichheitsgebot steht, zu dem sich Schotten sonst gerne bekennen (siehe das Kapitel Körperliches).

Vom Wasser des Lebens und anderen Tropfen

Das berühmteste schottische Getränk ist der Whisky, auf dessen Erfindung aber auch die Iren Ansprüche erheben. Der Name kommt vom gälischen „uisge beatha" *(üschkè båå)* was soviel bedeutet wie „Wasser des Lebens". Der beste Whisky ist **Malt Whisky** *(måålt wißkî;* Malzwhisky), aus Gerstenmalz destilliert. Es gibt eine große Anzahl Sorten, die pur oder mit einem Schuß Leitungswasser verdünnt getrunken werden, niemals jedoch mit Eis.

Die gängigeren und preiswerteren Sorten sind **blends** *(blends;* Mischungen) von **malt** und **grain** *(grên;* Kornwhisky) aus ungemalzter Gerste. Falls man keine besondere Marke bevorzugt, bestellt man in der Kneipe einfach **a dram** *(è dram)* oder **a nip** *(è nip).* Alkoholika jeder Art faßt man unter den Oberbegriff **bevvy** *(bevî),* eine Abkürzung von **beverage** *(beveridsch;* Getränk).

Beim Anstoßen wünscht an sich (der letztgenannte Ausspruch dient als Antwort auf die erstgenannten Wünsche):

cheers	**slainte**	**slainte bhath**	**slainte mhor**
tschîrs	*slândsch*	*slândschè vâ*	*slândschè vår*
Danke / Prost!	Gesundheit!	gute Gesundheit	große Gesundheit

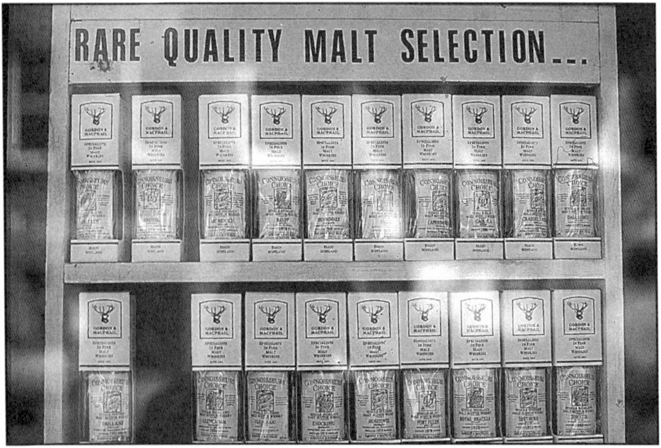

Wenn Sie sich endlich einmal einen bestimmten Whiskey bestellen wollten, bisher aber nicht wußten, wie man den Markennamen ausspricht, hilft hoffentlich der folgende kleine Auszug aus der Vielfalt schottischer **Single Malts:**

Aberlour	*abèlaüèr*	**Laphroaig**	*lafråik*
Bunnabhain	*bèååvèn*	**Lochnagar**	*låchnagåår*
Cardhu	*kardüü*	**Macallan**	*mèkaèn*
Craigellachie	*krêelèn*	**Oban**	*ôbèn*
Glenmorangie	*glenmårandschî*	**Strathisla**	*ßtrathaila*
Inchgower	*intschgaüèr*	**Tomintoul**	*tåmintüül*

Als Tip sei hier noch ein dreifach destillierter **Single Grain** namens **Cameron Brig** *(kamèrèn brig)* hinzugefügt und zum Probieren empfohlen.

Beim Bier gibt es die Wahl zwischen **heavy** hevî und **special** *(ßpeschèl),* auch **eighty** *(eitî)* und **seventy** *(ßevèntî)* genannt, nach den alten Preisen in Schilling pro Faß. Beide Sorten sind dunkel, und gehören zu der aus Kreuzworträtseln bekannten Gattung **ale** *êl.* Das **heavy** oder **eighty** ist etwas stärker; noch alkoholhaltiger und süßlicher ist das nur gegelentlich anzutreffende **ninety** *(naintî),* das ähnlich schmeckt wie ein schwarzes **stout** *(ßtaüt).* **Export** *(ekßpårt)* ähnelt dem **special,** und wer ein helles Bier bevorzugt, muß **lager** *(lâgèr)* bestellen. Maß ist das **pint** *paint,* etwas mehr als 0,5 Liter, und das **hauf-pint** *(hååf paint),* wobei der obere Glasrand jeweils als Eichstrich gilt. Getränke sind an der Theke abzuholen und sofort zu bezahlen. Geht man in Gruppen in die Kneipe, holt reihum jeder eine Runde und fragt die anderen so etwas wie:

Whit are ye for?
wi'ârji får
was bist du für
Was magst du?

mehr Wortschatz zum Thema Trinken

Athol brose	*athèl brôs*	Whisky mit Honig, Hafermehl und Wasser angerührt, beannt nach einem Herzog von Atholl
black'n tan	*blakntan*	*schwarz und braun* **Stout** und **Ale** zu gleichen Teilen gemischt
chaser	*tschêßèr*	*Jäger* ein kleines Bier zum Herunterspülen eines **dram**
cronies	*krônîs*	Saufkumpanen, Zechbrüder

howff	*haüf*	*Grabstätte* Kneipe
deochandorus	*dschåkèndårèß*	*Türschluck* (gäl.); ein letztes Glas vor dem Heimweg;
drambuie	*drambjüî*	Whiskylikör
Glasgow punch	*pantsch*	kalter Rumpunsch mit Zukker, Zitrone und Limone
gae on a bash	*gê ånè basch*	*gehen auf einen Schlag* eine Zechtour machen
hauf´n hauf	*hååfnhååf*	*halb und halb* ein Whisky und ein **hauf-pint**
irn bru	*airèn brüü*	*Eisenbräu* eisenhaltige Limonade
muneshine	*müünschain*	*Mondschein* illegal gebrannter Whisky, benannt nach der bevorzugten Tageszeit für die Produktion
nip		Whisky
he taks a wee hauf	*hî takßè wî hååf*	*er nimmt ein kleines Halbes* er ist ein Whiskytrinker
poteen	*påtschîn*	illegal gebrannter Whisky
the real Mackay	*thè rîl mèkai*	*der echte Mackay* ein guter Tropfen
wee heavy	*wî hevî*	in kleine Flaschen abgefülltes Starkbier
weet ane's whistle / thrapple	*wît êns wißl / thrapl*	*naßmachen seine Pfeife / Gurgel* trinken
willie-waught	*wilîwååt*	kräftiger Schluck

There's an awfae drouth on me!
thêrsèn ååfî drüüth ån mî
es-ist ein fürchterlicher Durst auf mir
Ich habe einen Höllenbrand!

Tume yer cup!
tüüm jèr kap
leer deine Tasse
Trink aus!

Besonders aufschlußreich ist der schier unendliche schottische Wortschatz für die verschiedenen Grade der Trunkenheit, die sich im Deutschen nur ganz ungefähr wiedergeben lassen. Hier eine kleine Auswahl:

as fu's a piper
as füüsè paiper
so voll-wie ein Pfeifer
voll wie ein Dudelsackbläser

steamboats
ßtîmbôtß
dampfschiffmäßig
besoffen

bevvied up
bevîd ap
getränkt auf
angesäuselt

bleezin
blîsin
brennend
stockbetrunken

blin fu
blain füü
blind voll
betrunken

blitzed
blitßt
geblitzt(kriegt)
stockbesoffen

fleein
flîin
fliegend
sternhagelvoll

fu
füü
voll
betrunken

greetin fu
grî'n füü
weinend voll
rührselig

kyboshed
kaibåscht
Kühe-Rindmasse
volltrunken

steamin
ßtîmin
dampfend
besoffen

Hier noch der letzte Vers eines schottischen Trinkliedes zur Illustration schottisch-geselliger Zechphilosophie:

Sae fill up yer glasses, let the bottle gae roon
sê fil ap jèr glâßis let thè båtèl gê rüün
fur the sun has come up, tho the mune hae gane doon
fèr thè ßan has kam ap thô thè müün hê gên düün
an if the room be rinnin roon aboot, there's time enough tae flit
an if the rüüm bî rinin rüün abüüt thêrs taim înaf tê flit
fur when we fell, we aye got up again, an sae will we yet!
fèr wen wî fel wî ai gåt ap ègen an ßê wil wî jet

Auf Deutsch nachgedichtet:
Also füllt eure Gläser, reicht die Flasche umher
denn die Sonne geht auf, scheint der Mond auch nicht mehr.
Und dreht der Raum sich auch im Kreis herum,
gehn wir noch lang nicht heim:
Wenn einer fiel, stand er halt wieder auf, und so wird's auch sein!

(Zwischen-)Menschliches

Begrüßung und Verabschiedung

Zur höflichen Begrüßung gebraucht man in Schottland meist tageszeitabhängige Formeln:

guid morning	*güd mårnin*	guten Morgen (vor 12 Uhr mittags)
guid efternoon	*güdeftèrnüün*	*guten Nachmittag* (nach 12 Uhr mit.)
guid evening	*güdîvnin*	guten Abend (ab ca. 6 Uhr abends)

Das familiäre **hullo** *(hèlô)* ist zu jeder Tageszeit zu hören, genau wie **hi** *(hai)* oder **hiya** *(haija)*. Es wird oft begleitet von einem kurzen seitlichen Kopfnicken.

Üblich ist auch, sich nach dem Befinden des Gegenübers zu erkundigen, mit einer Vielfalt von Fragen, die eigentlich alle das gleiche bedeuten: Wie geht's?

Hoo are ye, awricht?	**Hoo are ye daein?**	**Hoo are ye gettin on?**
hüârji årecht	*hüârji dîin*	*hüârji ge'nån*
wie bist du, in-Ordnung	*wie bist du tuend*	*wie bist du weiterkommd.*

Hoo are ye fettlin?	**Hoo are ye diddlin?**
hüârji fetlin	*hüârji didlin*
wie bist du zurechtkommend	*wie bist du tanzend / trällernd*

Die erste der möglichen Antworten, klingt noch am positivsten:

No bad.	**Hellish!**	**Terrible!**	**Dinnae ask!**
nô bad	*helisch*	*teribl*	*dinîâßk*
Nicht schlecht.	Höllisch!	Schrecklich!	Frag nicht!

Man hört außerdem noch andere Klagen wie die folgenden, oft eingeleitet durch ein **och / ach** *(åch/ach)* wie wir es ja auch kennen:

Ah'm weel scunnert!	**The warld's gane gyte awthegither.**
âm wîl ßkanèrt	*thè warlds gên gait ååthègithèr*
Mir stinkt es gewaltig!	Die Welt ist völlig verrückt geworden.

We maun aye thole a wheen o trouble.
wî måån ai thôlè wînè trabl
Wir müssen schon eine Menge Last ertragen.

Ah've had a hure o a day.	**It's a sair fecht.**
âv hadè hüürôè dê	*itßè ßêr fecht*
ich-habe gehabt eine Hure von einem Tag	*es ist ein schmerzh. Kampf*
Ich hatte einen ganz beschissenen Tag.	Das Leben ist hart.

Zum Abschied sagt man:

bye	**cheerio**	**cheerio the noo**	**toodeloo the noo**
bai	*tschîrîô*	*tschîrîô thè nüü*	*tüüdèlüü thè nüü*
			na denn tschüß!

Achtung: **cheerio** ist ein Abschiedsgruß, im Gegensatz zu **cheers!**

Für das Weggehen oder Abhauen gibt es noch folgende Ausdrücke:

be aff	**be fur aff**	**shoot the craw**	**offski!**
bîaf	*bî fèraf*	*schüüt thè kråå*	*åfßkî*
sein weg	*sein für weg*	*schießen die Krähe*	*ab!*

Ah'm aff.	**Are youse fur aff?**	**Let's shoot the craw!**
amaf	*âr jüüs fèraf*	*letß schüüt thè kråå*
ich-bin weg	*seid ihr für weg*	*laß-uns schießen die Krähe*
Ich gehe.	Wollt ihr gehen?	Laß uns abhauen!

Feste und Feiern

Gefeiert wird in Schottland gern und ausgiebig. Mit oder ohne besonderen Anlaß kann es jederzeit eine **pairty** *(pêrtî;* Party) geben.

Zu einer solchen findet man sich oft erst nach Kneipenschluß zusammen, und auf jeden Fall ist dabei das Mitbringen eines **cairry-oot** *(kêriüüt)* Plicht. Mit diesem *Trag-aus* bezeichnet man alkoholische Getränke, die zum Mitnehmen in der Kneipe oder in einem **off-licence** *(åflaißènß),* einem Laden mit Lizenz zum Verkauf von Alkoholika erworben wurden.

Das größte Fest im Jahr ist Silvester, das in Schottland **„Hogmamay"** *(hågmènê)* heißt. Auch hier geht das Feiern meist mit einem Kneipenbesuch los, nach dem man sich erst in einer privateren Umgebung versammelt. Die 12-Uhr-Glocken erwarten viele auch auf der Straße, aber egal wo, zu diesem Zeitpunkt gehört das Absingen von **Auld lang syne** *(ååld lang sain)* zum festen Ritual. Die drei Wörter im Titel dieses Liedes bedeuten einzeln *alt, lang,* und *vergangen:* zusammen „die alten Zeiten", um derentwillen man mit guten Freunden noch einen zur Brust nimmt.

Nach Mitternacht geht man **first-fuiting** *(fèrßtfü'n).* Der **first-fuiter** *(fèrßtfütèr)* ist derjenige, der im neuen Jahr zuallererst ein Haus betritt. Es bestehen aber gute Chancen, daß die Leute, die man beehren will, gerade bei einem selber an die Türe klopfen, wenn man vor der ihren friert. Da kommt die Flasche Whisky gerade recht, die bei diesem Anlaß jeder bei sich tragen sollte. Außerdem kann man noch ein **bannock** (siehe Kapitel „Essen"), ein Stück Kohle oder auch eine Prise Salz mitnehmen, damit den Gastgebern diese Dinge im neuen Jahr nicht ausgehen.

Nach „Hogmanay" kommt der **„Neerday"** *(nerdê; Niemalstag),* der 1. Januar. Die Zeit danach zählt zu den freudlosesten des Jahres: Niemand hat mehr Geld, draußen ist es meist sehr ungemütlich, und der Frühling ist weit. Kein Wunder, daß um den 25. Januar herum viele die Gelegenheit wahrnehmen, den Geburtstag von **„Rabbie" Burns** *(rabî bèrns)* mit einer **Burns night** *(bèrns nait)* zu begehen. Der zum Nationaldichter auserkorene Bauernsohn und Poet, der von 1759–1796 lebte, wird alljährlich mit einer Vielzahl von Banketten gefeiert. Bei diesen stehen außer **Whisky** und **Haggis** (siehe Kapitel „Essen") auch Musik, Gedichtrezitierungen, und mehr oder weniger angemessene oder geistreiche Reden auf dem Programm.

Nicht nur der Dudelsack

Wenn es um Musik geht, führt an dem schottischsten aller Instrumente selbstverständlich kein Weg vorbei. Zuvor aber eine grundsätzliche Bemerkung: man muß bei der Suche nach typisch schottischen Klängen auf die scharfe Grenzlinie achten, die echte Volksmusik von gemachter Volkstümlichkeit trennt. Wirkliche **folk music** *(fôk mjüüsik)* ist manchmal sehr kunstvoll, aber eben nie künstlich.

Hier einige der Instrumente und Einzelteile, auf denen gespielt wird:

bodhran	*bèrân, baürèn*	Handtrommel
clarsach	*klarschach*	keltische Harfe
fiddle	*fidl*	Geige

hieland pipes	*hîlèn paipß*	Hochlanddudelsack: ein Mundstück zum Füllen des Luftsacks, drei **drones** *drôns* für den Dauerton, und ein **chanter** *tschântèr* fürs Melodiespiel
lowland pipes / cauld wind pipes	*lôlèn paipß* / *kåål win paipß*	Tieflanddudelsack, so genannt, weil mit Blasebalg und deshalb mit im Vergleich zur Atemluft mit „kaltem Wind“ betrieben
mouthie	*müüthî*	Mundharmonika
squeezebox	*ßkwîsbåkß*	*Quetschkasten* Akkordeon
tin whistle / penny whistle	*tin wißl* / *penî wißl*	*Blechflöte / Pfennigflöte* Flageolett

Was man auf diesen Dingen produziert, sind **tunes** *(tjüüns;* Instrumentalmelodien). Die Melodie zu einem Lied heißt **air** *(êr; Luft / Atmosphäre).* Die häufigsten Arten von Liedern und Instrumentalmusik sind folgende:

ballad	*balèd*	Ballade; ein Lied, das in schlichter Strophenform eine Geschichte erzählt
bothy ballad	*båthî balèd*	*Hüttenballade:* eine Liedform aus dem Nordosten, wo Saison-Landarbeiter in einer **bothy** wohnten
diddlin / mouth music	*didlin* / *maüth mjüüsik*	*Trällern / Mundmusik* Eine aus der Not gemachte Kunst: Wenn getanzt werden soll, aber keine Instrumente zur Hand sind, muß man die Tanzmusik eben mit dem Mund produzieren.

jig	*dschig*	Tanzmelodie im 6/8-Takt
pibroch	*pîbråch*	klassische Dudelsackmusik in Sinfonieform, auch:
ceol mor	*kjål mår*	*große Musik*
ceol beg	*kjål bek*	*kleine Musik* Tänze und Märsche für Dudelsack
reel	*rîl*	Tanzmelodie im 4/4-Takt
slow air	*ßlô êr*	getragene Instrumentalmelodie
strathspey	*ßtrathßpê*	Tanzmelodie im 2/4-Takt mit schluckaufartigen Verzögerungen

Ein typisch schottisches Tanzvergnügen heißt mit dem gälischen Wort **ceilidh** *(kêlî;* Besuch). Hier wird man auch als Tourist willkommen geheißen, und kann sich von Einheimischen Tänze beibringen lassen wie die folgenden:

Strip the willow	*ßtrip thè wilô*	*schäl den Weidenbaum*
Dashing white Sergeant	*daschin wait sardschènt*	*schneidiger weißer Unteroffizier*
Gay Gordons	*gê gårdns*	*lustige Gordons*

Volksmusik wird sowohl auf Konzertbühnen als auch in Kneipen gespielt. Man sollte sich vor Ort erkundigen, wo und wann sich die ansässigen Musiker versammeln, und sich dann die **session** *(ßeschn; Sitzung)* nicht entgehen lassen. Sieht man einen oder mehrere Musiker mit verpackten Instrumenten, so sind sie meist durch eine einfache Aufforderung zum Auspacken derselben zu bewegen:

Gie´s a tune, lads! *gîsè tjüün lads* *gebt uns eine Melodie, Jungs*

Durch die Bereitstellung einer Runde Getränke wird die Chance, den Wunsch erfüllt zu bekommen, natürlich noch größer.

Weitere Wörter aus dem Reich der schottischen Töne:

birl	*bèrl*	*schnelle Drehung:* eine Folge von:
grace notes	*grệß nôtß*	Verziernoten auf dem Dudelsack
lilt	*lilt*	beschwingtes Hüpfen einer Melod.
pipe band	*paip band*	Dudelsackkapelle
pipe major / pipie	*paip mêdschèr / paipî*	*Pfeifenmajor* Kapellmeister einer Dudelsackkapelle
pipes´n drums	*paipsn drams*	*Pfeifen und Trommeln* Dudelsackkapelle mit Trommlern
skirl	*ßkèrl*	*Schrei:* ein hoher oder auch falscher Ton auf dem Dudelsack

Der Dudelsack ist, obwohl heutzutage auch von Frauen gespielt, traditionell mit der Männlichkeit verknüpft. In dem Volkslied **„Maggie Lauder“** wird die Titelheldin von einem **piper** zum Tanzen angehalten; sie willigt aber erst ein, nachdem dieser sich als ein bekannter Musiker und Frauenheld zu erkennen gibt:

Piper, quo she, hae ye yer bags, or is yer drone in order?
paipèr kwô schî hê jî jèr bags år is jèr drôn in årdèr
Pfeifer, sagt sie, hast du den Sack, und ist dein „drone“ in Ordnung?

Gin ye be Rab, ah've heard o' ye – live ye upon the border?
gin jî bî rab âv herd è jî liv jî èpån thè bårdèr
Bist du Robert, so hört ich von dir – lebst du nicht an der Grenze?

The maidens aw baith near and far hae heard o Rab the Ranter,
thè mêdens åå bêth nîr èn fâr hê herd è rab thè rantèr
Die Mädchen alle nah wie fern hörten von Robert dem Tollen,

Ah'll shak mah fit wi' richt guid will gin ye blaw up yer chanter.
âl schak ma fit wi richt güd wil gin jî blåå ap jèr tschântèr
Ich schüttel meine Füße gern, bläst du auf deinem „chanter“.

Sport und Spiel

Fußball – fitba

Volkssport Nummer eins ist in Schottland **fitba** *(fitbåå)*, der Fußball, in Glasgow einfach **ra gemme** *(ra geme; das Spiel)* genannt. Wer in Schottland zu Gast ist, sollte sich den Besuch eines Spiels nichts entgehen lassen. Besonders in den größeren Städten sind viele Leute **fitba daft** *(fitbåå dâft;* fußballverrückt). Beim Match zeigt man auch ungeniert die ganze Bandbreite seiner Gefühle. Hier ein paar auch international nicht ganz unbekannte Namen zur Orientierung. Hinter dem Club steht zunächst die übliche Abkürzung der Clubnamen beziehungsweise die Trikotbezeichnungen und in der letzten Spalte schließlich der Name des Stadions:

in Glasgow

Rangers *rêndschers,*	**Gers** *dschêrs*	**Ibrox** *aibråkß*
Celtic *ßeltik,*	**Celts** *ßeltß*	**Parkhead** *parkhed*

Zusammen heißen die beiden Clubs, die oft die verfügbaren Trophäen unter sich aufteilen, **the Auld Firm** *(thiååld fèrm; die alte Firma)*.

in Edinburgh

Heart of Midlothian *hartèf midlôthièn*	**Hearts, Maroons** *hartß, mèrüüns*	**Tynecastle** *tainkâßl*
Hibernian *hibèrnièn*	**Hibs, Hibees** *hibs, haibîs*	**Easter Road** *îßtèr rôd*

und außerhalb der beiden Metropolen:

Aberdeen FC *abèrdîn efßî*	**Dons** *dåns*	**Pittodrie** *pitådrî*
Dundee United *dandî jünaitid*	**Tangerines** *tandscherîns*	**Tannadice** *tanèdaiß*

Länderspiele und Pokalendspiele finden im Glasgower **Hampden Park** *(hamdèn park)* statt.

... und andere Sportarten

Gewissermaßen zum Ausgleich für die oben genannten Spektakel besitzt Edinburgh **Murrayfield** *(marêfîld),* die Austragungsstätte der Ländervergleiche im **Rugby** *(ragbî).* Rugby hat seine Clubhochburgen in den ländlichen **Borders** *(bårdèrs),* dem Grenzgebiet im Süden.

Das Mekka der Golfer ist **St. Andrews** *(ßèntandrüüs),* aber Golfplätze gibt es überall und für jedermann. Vorwiegend im Hochland ist das **shinty** *(schintî)* zu finden. Es ist dem Feldhockey verwandt und wird auf Rasen gespielt, ist aber ähnlich rauhbeinig wie Eishokkey. Besonders der Gebrauch des **caman** *(kamèn)* genannten Stöcke scheint so zügellos, daß die relativ geringe Häufigkeit schwerer Verletzungen wie ein Wunder wirkt.

Wer es ruhiger angehen lassen will, kann etwa **bools** *(büüls;* Boccia) spielen, und im Winter **curling** *(kèrlin;* Steineschießen auf Eis). Man kann auch gleich in der Kneipe ein Dominospiel beginnen, wie zum Beispiel **penny chap** *(penî tschap; Pfennigklopfen).* Wer nicht anlegen kann und stattdessen auf den Tisch klopft, muß hierbei eine Strafe zahlen. Auch bei anderen Spielen mit den **dominoes** *(dåminôs)* geht es um meist kleinere Summen.

Ähnliches gilt für das Wetten. Es gibt natürlich überall **buikies** *(bükîs; Buchmacher)*. Erlebnisreicher als ein Gang ins Wettbüro ist aber der Besuch bei den **bowwows** *(baüwaüs; Wauwaus)* oder **grews** *(grüüs)*, den *Grauen*. Diese Windhunde laufen in eigens für sie errichteten Stadien wie zum Beispiel **Powderhall Stadium** *(paüdèrhåål ßtêdjèm)* in Edinburgh.

Sehenswert sind auf alle Fälle auch die Wettbewerbe, die unter **Highland Games** *(hailèn gêms; Hochlandspiele)* firmieren. Neben ganz normalen Laufkonkurrenzen wid hier noch mit Steinen oder mit dem **caber** *(kêbèr)* genannten Baumstamm geworfen. Weitere Disziplinen sind traditioneller Tanz und Dudelsackspiel.

Geschichte: eine Katastrophe

Nichts ist in Schottland so gegenwärtig wie die Vergangenheit. Das Land lebt mit und zu einem nicht unerheblichen Teil auch (über den Tourismus) von seiner Geschichte. Gewisse Namen und Begriffe daraus hat jeder im Kopf und oft auch auf der Zunge, vor allem im Gespräch mit ausländischen Besuchern. Dabei findet der weit verbreitete Hang zum Klagen in der Erinnerung an mehr oder weniger große Katastrophen vor mehr oder weniger langer Zeit reichlich Stoff.
Hier eine Auswahl:

Ally's Tartan Army *alîs tar'n armî*	Die Fußball-Nationalmannschaft unter Trainer Ally Macleod *(mèklaüd),* die bei der Weltmeisterschaft von 1978 nach großen Vorschußlorbeeren enttäuschte.
Bonnie Prince Chairlie *bånî prinß tschêrlî*	Der *hübsche Prinz Charles,* Anführer des zweiten und letzten Versuchs zu einer Wiedereinsetzung des Herrscherhauses Stuart 1745.
Covenanters *kåvènântèrs*	Streiter für eine reformierte Kirche, deren Drang zum Märtyrertum im 17. Jahrhundert reichlich Gelegenheit geboten wurde.
Culloden *kèlådn*	Letzte verlorene Schlacht 1746 unter dem oben genannten „Bonnie Prince Chairlie“.
Darien Disaster *dârièn disâßtèr*	Vergeblicher Versuch zur Gründung einer schottischen Kolonie auf der Landenge von Panama 1698.

Glencoe Massacre *glenkô maßèkèr*	Mord an Angehörigen des Macdonald-Clans, mit königlichem Freibrief ausgeführt von Mitgliedern des Clans Campbell 1692.
Highland Clearances *hailènd klîrènßis*	Vertreibung von Hochlandbauern im 19. Jahrhundert, um Flächen für die Schafzucht freizumachen.
Jacobites *dschakèbaitß*	Anhänger der 1688 ausgebooteten Stuarts, Verlierer zweier Feldzüge 1715 und 1745/46.
Mary Queen o Scots *mêrî kwînè ßkåtß*	1587 in England enthauptete schottische Königin
Tay Bridge Disaster *tê bridsch disâßtèr*	Einsturz der als technisches Wunderwerk gelobten Eisenbahnbrücke über den **Tay** *(tê)* bei **Dundee** 1879.
William Wallace *wiljèm wålèß*	1305 in England auf äußerst gründliche Weise hingerichterer schottischer Unabhängigkeitskämpfer.

Die Liste ließe sich fortsetzen. Eine Ausnahme sei zur Bestätigung der Regel genannt: mit dem Namen **Bannockburn** *(banèkbèrn)* verbindet sich der Stolz auf eine 1314 unter König Robert **the Bruce** *(thè brüüß)* gegen die Engländer gewonnene Schlacht.

Remember Bannockburn! Erinnert euch an Bannockburn!

steht heute noch auf Spruchbändern schottischer Fußballfans, wenn es gegen England geht. – Aber richtig gut beklagen kann man sich ja schließlich auch nur über eine unverdiente Niederlage, und so heißt das Fazit nach dem Spiel meist:

We wuz robbed! *wî wès råbd* Wir wurden beraubt!

Religion: ein Kapitel für sich

In der Vergangenheit hat die Religion in Schottland sicherlich eine größere Rolle gespielt als jetzt, aber ein wichtiger Faktor ist sie immer noch. Schottland ist heute vorwiegend protestantisch, doch es gibt eine recht große katholische Minderheit. Obwohl bei weitem keine Verhältnisse wie in Nordirland herrschen, sind Spannungen zwischen den Konfessionen immer noch zu spüren.

Der endgültige Sieg der Reformation kam 1688 mit der Thronbesteigung Wilhelms von Oranien. Das niederländische Orange ist heute noch die Farbe der Protestanten, die deshalb von Katholiken mitunter als **orange bastards** *(årindsch bâßtèrds)* beschimpft werden. Auf protestantischer Seite vergilt man dies den Katholiken mit dem Schimpfnamen **Fenian scum** *(finjèn ßkam)*. **Scum** bedeutet „Abschaum“; das Eigenschaftswort **Fenian** ist vom altirischen Namen für die Iren abgeleitet. In der Tat sind Katholiken im heutigen Schottland meist Abkömmlinge irischer Einwanderer, und wenn sie Flagge zeigen, dann ist darauf das irische Grün zu sehen. Am deutlichsten wird dies auf dem Fußballplatz, wenn sich zum Beispiel in Glasgow der katholische Club **Celtic und der protestantische Rangers** gegenüberstehen.

Weiterer Wortschatz zum Thema Religion:

the Auld Kirk	*thîååld kèrk*	*alte Kirche*	die presbyterianische schott. Staatskirche
Auld Nick	*ååld nik*	*alter Niklas*	der Teufel
blackcoat	*blakkôt*	*Schwarzkittel*	Pfarrer
bluenose	*blüünôs*	*Blaunase*	Protestant
the deil	*thè dîl*		der Teufel
elder	*eldèr*		Presbyter
Free Kirk	*frî kèrk*		Freie Kirche
the guid buik	*thè güd bük*	*das gute Buch*	die Bibel
hellfire'n	*helfaièrèn*	*Höllenfeuer*	Predigt mit Ausmalung
brunstane	*branßtên*	*und Schwefel*	der Höllenpein
land o the leal	*land ô the lîl*	*Ld. d. Getreuen*	Himmelreich
left-footer	*left füütèr*	*Linksfüßler*	Katholik
nairra-nebbit	*nera nebit*	*engnasig*	frömmlerisch
pape	*pêp*	*Papist*	Katholik
piskie	*pißkî*	*Episkopaler*	Mitglied der protestant. Bischofskirche
proddie	*prådî*		Protestant
ruid	*rüüd*		Kreuz
Sabbath	*ßabèth*	*Sabbat*	Sonntag
sain	*ßên*		das Kreuzeszeichen machen, segnen
the unco guid	*thîañkè güd*	*die allzu Guten*	Scheinheilige
wee Free	*wî frî*	*kleiner Freier*	Mitglied der **Free Kirk**
whistle kirk	*wißl kèrk*	*Pfeifenkirche*	Kirche mit der bei den strengeren Protestanten verpönten Orgel

Hier noch ein paar Wörter aus dem Bereich, der gemeinhin als Aberglauben bezeichnet wird:

banshee	*banschî*	weiße Frau; Geistererscheinung, die Unglück ankündigt
broonie	*brüünî*	Heinzelmännchen; Kobold
canny	*kanî*	glückbringend
deasil	*deßl*	im Uhrzeigersinn (bringt Glück)
gude fowk	*güd faük*	*gute Leute* Feen, so genannt, wenn sie mithören können, sonst:
wee fowk	*wî faük*	*kleine Leute*
kelpie	*kelpî*	Wassergeist, oft als Pferd dargestellt
wanchancy	*wantschânßî*	unglückbringend
withershins	*withèrschins*	entgegen dem Uhrzeigersinn (diese Bewegung bringt Unglück)

... und wie sie alle heißen

Diese kurze Auswahl schottischer Namen enthält vor allem solche, bei denen Ausspracheunsicherheiten auftreten könnten.

männliche Vornamen

Alan	*alèn*
Alasdair, Alastair, Alistair	*alèßtèr*
Angus	*añgèß*
Cairns	*kêrns*
Donald	*dånld*
Douglas, Dougie	*daglèß, düügî*

Duncan	*dañkèn*
Ewan	*jüèn*
Gavin	*gavin*
Gordon	*gårdn*
Hamish, Seamus	*hêmisch, schêmèß* gälisch für Jakob
Hugh	*chüü*
Ian, Iain	*îèn* gälische Form von Johann
Jock	*dschåk* der Allerweltsname, gilt auch als Spitzname für Schotten generell
Keith	*kîth*
Kenneth, Ken	*kenèth, ken*
Malcolm	*malkèm*
Murdo	*mèrdô*
Murray	*marê*
Neil	*nîl*
Sandy	*ßandî* Kurzform von Alexander
Tam	*tam* schottische Form von Thomas
William / Wullie	*wiljem / wulî* Wilhelm / Kurzform

weibliche Vornamen

Ailsa	*êlßa*
Catriona	*kètrîna* gälische Form von Katharina
Fiona	*fiôna*
Ishbel, Iseabail	*ischbel* gälische Form von Isabel
Janet	*dschanèt*
Jean	*dschîn* schottische Form von Johanna
Kirsty	*kèrßtî* schottische Form von Christine
Mairi, Mhairi	*mârî* gälische Form von Maria
Morag	*môrag*

Familiennamen

Aitken	*êkin*	**Mackenzie**	*mèkensî*
Baxter	*bakßtèr*	**Mackie**	*makî*
Buchanan	*bjüükanèn*	**Maclean**	*mèklên*
Fraser	*frêsèr*	**Macleod**	*mèklaüd*
Campbell	*kambèl*	**Macphail**	*mèkfêl*
Colqohun	*kèhüün*	**Macpherson**	*mèkfèrßèn*
Craig	*krêg*	**Macrae**	*mèkrê*
Dalziel	*dijel*	**McCabe**	*mèkêb*
Gow	*gaü*	**McCaig**	*mèkêg*
Grant	*grânt*	**Menzies**	*miñèß*
Gunn	*gan*	**Munro**	*mènrô*
Laing	*lâñ*	**Murdoch**	*mèrdåch*
Macdougall	*mèkdüügèl*	**Reid**	*rîd*
Macgillivray	*mèkgilivrê*	**Shaw**	*schåå*
Macivor	*mèkîvèr*	**Tulloch**	*talèch*
Mackay	*mèkai*	**Urquhart**	*èrkèrt*

Namen mit **Mac** findet man gleich in drei Schreibweisen. Entweder mit Kleinbuchstaben nach **Mac** oder Großbuchstaben nach **Mac** bzw. **Mc.** Die Silbe ist das gälische Wort für „Sohn“, und somit die Entsprechung zur germanischen Endsilbe „-son“ oder „-sen“.

Bauernsprache Buchanesisch

Buchan *(bachèn)* ist der Name für die Region nördlich von **Aberdeen,** und ebenfalls für den hier gesprochenen Dialekt. Er ist die sozusagen am ursprünglichsten erhaltene Sprachform des Scots, weswegen man ihn auch **the Doric** *(thè dårik; das Dorische)* nennt.

Nicht unter **Buchan fowk** *(bachèn faük),* das Buchan-Volk, werden die **Aiberdonians** *(êbèrdônièns)* gezählt, die Bewohner von **Aberdeen**. Aber auch als Großstadt gehört Aberdeen von der Sprache und der Lebensart her immer noch eindeutig zum ländlichen Buchan-Gebiet mit seinen Bauern und Fischern.

Am einfachsten zu erkennen ist „Buchanesisch" an Wortanfängen, wo ein *f* ein *w* oder *h* ersetzt. Das englische „how are you?" *(hauâr jû),* auf Scots **hoo are ye?** *(hüârji),* lautet im Nordosten **foo are ye?** *(füârji).* Nach dem Befinden des anderen kann man aber genauso auch **fit-like?** *(fitlaik)* fragen, wörtlich etwa *wie was?* **Fit?** *(fit)* entspricht dem englischen „what?" *(wåt)* und dem schottischen **whit** *(wit).* Die Frage 'wo?' heißt in Buchan **far?** *(fâr),* klingt also genau wie das Wort für 'weit'. Dessen englische Lautung *(fâ)* ist aber die für die Frage **fa?,** schottisch **wha?** *(wâ)* und englisch 'who?' *(hû),* also 'wer?'

Buchan ist **the speak o the fowk** *(thè ßpikèthè faük; die Sprache des Volkes).* Wer versucht, „feines" Englisch zu reden, der „spricht" nicht, sondern er „kaut": das Zeitwort heißt dann nicht **speak** *ßpik,* sondern **knap** *knâp.* Das **kn-** am Wortanfang wird also im Gegensatz zum Englischen auch *(kn)* gesprochen, was es für Deutschsprachige wiederum nur einfacher macht.

Der Junge und das Mädchen heißen auf Buchanesisch **loon** *(lün)* und **quine** *(kwain)* statt des sonst im Schottischen üblichen **lad** *(lad)* und **lass** *(laß)*. Ein **chiel** *(tschîl)* ist ein „Kerl", und so gut wie jeder Mensch kann als **craitur** *(krêtèr;* Geschöpf / Kreatur) bezeichnet werden. Dies ist manchmal liebevoll und manchmal abschätzig gemeint; abschätzig vor allem, wenn das Eigenschaftswort **wee** *(wî;* klein) nicht davorsteht.

Das kranke Kind ist ein **puir wee craitur** *(püür wî krêtèr; armes kleines Geschöpf)*. Bezeichnet man aber jemand einfach als **the craitur** *(thè krêtèr),* so ist das alles andere als schmeichelhaft.

Das Wort **wee** und die verkleinernde Endung **-ie** *(î;* -chen / -lein) gebrauchen die Leute von Buchan noch wesebtlich öfter als die anderen Schotten.

Wait a minutie.
wêtè mintî
warte ein Minütchen
Warte einen Moment.

Wait a wee minutie.
wêtè wî mintî,
warte ein kleines Minütchen
Warte einen kleinen Moment.

Aber Achtung, wenn die Endung feht:

Wait a minute!
wêtè minit
warte eine Minute
So geht das aber nicht! / Das ist ja ein starkes Stück!

Noch ein paar Bemerkungen zur Hauptstadt des Nordostens, Aberdeen. Deren Einwohner haben in Schottland den Ruf, den die Schotten insgesamt im Ausland genießen: nämlich den extremer Sparsamkeit. Dieser Ruf wird vor allem in Witzen lebendig gehalten, und jeder Besucher, der an einen guten Witzeerzähler gerät, wird feststellen, daß die Schotten selbst die schlagkräftigsten Schottenwitze haben. Hier als Kostprobe eine Schlagzeile aus der Lokalpresse: „Zwei Aberdeener Taxis zusammengestoßen – siebenundzwanzig Fahrgäste verletzt".

Der Nordosten gilt außerdem immer noch als allertiefste Provinz, und man erzählt sich zur Illustration von zwei weiteren Schlagzeilen. Am Morgen nach dem Untergang der „Titanic" nämlich „Bangen um Mann aus Aberdeen – wahrscheinlich auf See umgekommen". Und noch besser, nach dem Ausbruch des Weltkriegs: **„Udny man finds giant neep"** – Mann aus Udny findet Riesenrübe. **Udny Green** *(adnî grîn)* ist ein nur auf sehr guten Landkarten zu findendes Dörfchen im nördlichen Hinterland von Aberdeen: für die Lokalzeitung aber dennoch eher einen Aufmacher wert als das weit entfernte Kriegsgeschrei.

Wer mag, kann sich im Archiv des **„Aberdeen Press & Journal"** *(abèrdîn preßn dschèrnèl)* vom Wahrheitsgehalt dieser gleichermaßen bos- wie glaubhaften Behauptung überzeugen. Der Inbegriff des Provinziellen ist aber dennoch nicht die Metropole Aberdeen, sondern Buchans heimliche kleine Haupstadt **Banff.** Deshalb sagt man auch:

Gang tae Banff!
gañ tê bânf
geh nach Banff
Geh doch zum Teufel!

Hier noch der Prolog zu „Max und Moritz" in der Buchan-Übersetzung von **Derrick McClure** *(derik mèklüür):*

Losh! Foo aft we hears or reads
lôsch füü âft wî hîrs år rîds
tales o royit loonies' deeds!
têls è råjit lünis dîds
Jist like iss twaa nickums bad:
dschißt laik iß twâ nikèms bâd
Mac an Matthy's fit ey're caad.
mâk èn mâthîs fit êr câd
Steid o livin douce an genty,
ßtîd è livin düüß èn dschentî
takin heed o wysins tenty,
tâkin hîd ô waisins tentî
ey wad seener lach an snirt,
ê wad ßîner lâch èn ßnèrt
turnin rede tae hidlin chirt.
tèrnin rîd tê hidlin tschèrt

Gott! Wie oft hören oder lesen wir
Geschichten von den Taten wilder Knaben.
Genau wie diese zwei schlechten kleinen Teufel:
Mac und Matthy werden sie gerufen.
Statt anständig und ehrbar zu leben,
auf gute Ratschläge zu hören,
mögen sie eher lachen und kichern,
guten Rat in heimlichen Spott verkehren.

Großstadtsprache Glescaranto

Glasgow ist die weitaus größte Stadt Schottlands, und der Glasgower Dialekt ist eigentlich noch weiter verbreitet. Man spricht ihn im Industriegebiet um Glasgow herum, das mit Orten wie **Motherwell** *(ma<u>th</u>èrwel)* oder **Paisley** *(pêslî)* eine Art schottischen Kohlenpott bildet. Die Sprache dieser Region ist dem Ruhrgebietsdeutsch sehr ähnlich: in ihr lebt eine gehörige Portion Mutterwitz, aber auch etwas als irgendwie „unfein" Angesehenes. **Sean Connery** *(schåån kånèrî)* mit seinem Edinburgher Akzent paßte als James Bond-Darsteller: hätte er in Glasgow statt in Edinburgh Milch ausgetragen, dann wäre ihm diese wie manche andere Rolle wohl nicht zugefallen.

Vielleicht wäre er dann Komiker geworden. Eigentlich sind das alle Bewohner Glasgows mehr oder weniger, und ihr berühmtester Profi **Billy Connolly** *(bilî kånèlî)* braucht auf der Bühne keine andere Rolle zu spielen als sich selber. Grundlage des Glasgower Humors ist das Lachen über die eigenen Eigenheiten, bei der Sprache angefangen. Glasgower Konversation heißt **ra patter** *(ra pa'èr;* das Klappern), und gehört dort zu jedem Handwerk. Es sind natürlich auch die Arbeitslosen eingeschlossen, die auf **ra broo** *(ra brüü; das Büro),* also das Arbeits- beziehungsweise das Sozialamt angewiesen sind. Hier kann man die Rolle des Humors als Überlebenstechnik vielleicht am deutlichsten sehen. Doch egal ob mit oder ohne Job: ein schweigsamer **Glaswegian** wäre so etwas wie ein vegetarischer Löwe.

In Anlehnung an die künstlich-einfach geschaffene Sprache Esperanto ist der Glasgower Dialekt auch **Glescaranto** genannt worden. Diese Bezeichnung ist sehr ironisch gemeint: die leichte und universelle Verständlichkeit von Esperanto ist so ziemlich das Gegenteil des für Außenstehende oft rätselhaften „Glasgowitisch“. Verständnisschwierigkeiten ergeben sich allein schon dadurch, daß stark verkürzt und zusammengezogen wird, wie in folgendem Beispiel:

	Englisch	Glasgowitisch
das Flugzeug	**aeroplane**	**airie**
	ääreplein	*êrî*
Wo ist das Flugzeug?	**where is the aeroplane?**	**wherra airie?**
	wäris thiääreplein	*wêraêrî*
Da ist das Flugzeug!	**there is the aeroplane!**	**erra airie!**
	thäris thiääreplein	*êraêrî*
Da ist das andere Flugzeug!	**there is the other aeroplane!**	**erra arra airie!**
	thäris thîathèr ääreplein	*êraaraêrî*

Klingt es statt *(ara)* nun aber *(âra),* heißt das **are the,** wie im Glasgower Slogan **we arra peepel!** *(wîâra pîpèl;* wir sind das Volk! Dagegen bedeutet *(ååra)* **all the,** wie in **aura bess!** (*åårabeẹß; all das Beste;* alles Gute). Besonderheiten im Satzbau, wie zum Beispiel daß das Wörtchen **but** *(bat;* aber) fast grundsätzlich an das Satzende gehängt wird, fallen im Vergleich mit solchen Zusammenziehungen als Verständigungsklippen fast nicht ins Gewicht. Gelegentlich verlängert man jedoch auch ein Wort von einer auf zwei Silben, wie in der Lautung *(fillèm)* für **film.**

Auf der nächsten Seite aber noch ein paar typische Verkürzungen. Um zu zeigen, wie wirklich gesprochen wird, muß man dabei die Dialektschreibung schon bis zur Groteske übertreiben. Der komische Verwirrungseffekt ist dabei aus Glasgower Sicht durchaus gewollt. Man betont den aus der Sicht pedantischer Schulmeister „falschen“ oder „unfeinen“ Sprachgebrauch und macht sich einen Spaß daraus, daß ihn nicht jeder gleich versteht.

Glasgowitisch	Englisch	Übersetzung
issiz *ißis*	**this is**	das ist
izzis *isiß,* **zat** *sât*	**is this / is that ...?**	Ist das ...?
jink *dschink*	**do you think ...?**	Denkst du, ...?
ustae *jüüßtî*	**used to**	gewöhnt an
wanieas *wanîas*	**one of us**	einer von uns
Whijiehink? *widschîhiñk*		**what do you think?** Was denkst du?
Yawritejemme? *jååraitdscheme*	**are you all right mate?**	Bist du o.k., Kumpel?
zeroany *sêrônî*	**is there any**	Gibt es/Habt ihr ...?
zloatyat *slô'îa'*	**there is a lot of it**	Es gibt jede Menge.

Noch rätselhafter ist der Reimslang, wie man ihn sonst nur noch bei den Londoner Cockneys oder in Australien findet. In Glasgow heißt zum Beispiel „Kumpel" auch **china** *(tschaina).* Das kommt folgendermaßen zustande: zu dem eigentlich gemeinten Wort **mate** *(mêt)* wird ein Reim gesucht, hier **plate** *(plêt;* Teller). Nun denkt man an einen gebräuchlichen Ausdruck, bei dem das Reimwort den zweiten Teil bildet: hier ist das **china plate** (Porzellanteller). Der erste Teil des Ausdrucks ersetzt dann das ursprünglich Gemeinte, und es ist klar, daß nun keine klar sichtbare Verbindung zwischen Inhalt und Ausdruck mehr besteht: man muß halt den Geheimcode kennen, oder aber um die Ecke raten.

Hier folgt der Prolog zu „Max und Moritz“ – dieses Mal allerdings in der Glasgow-Übersetzung von **Stephen Mulrine** *(ßtîvèn mèlrîn):*

Haw, the wicked things weans dae,
håå the wikid thiñs wêns dê

ye read ur hear aboot, lik say
jè rîd èr hîr èbüüt lik ßê

fir instince these two, ay –
fèr inßtinßè thîs tüü ai

Matt an Malkie, as thur cried.
ma'n malkî as thèr kraid

Well, insteid a daein right,
wel inßtîd è dêin rait

they wur bad, jist oota spite.
thê wèr bâd dschißt üü'è ßpait

They'd nae time fur Moral Books,
thêd nê taim fèr môrèl büükß

sniggered it thum up thur jouks
ßnigèrd èt thèm ap thèr jüükß

Ha, die bösen Dinge, die Kinder tun
über die du liest oder hörst, wie, sagen wir,
zum Beispiel diese beiden, ja –
Matt und Malkie, wie sie gerufen werden.
Nun, anstatt Rechtes zu tun,
waren sie schlecht, nur aus Boshaftigkeit.
Sie hatten keine Zeit für Moralische Bücher,
kicherten darüber in ihre Jacken.

Sammelsurium der Alltagssprache

Ausrufe

Awa!
ewåå
weg
Blödsinn!

Magic!
madschik
Zauberei
Toll!

Ooya(bass)!
üüjabâß
oh-du-(Bastard)
Verflucht!

Help ma bob!
help ma bååb
hilf mir Bob(Gott)
Himmel hilf!

Rubbish!
rabisch
Abfall
Mist!

Smashin!
ßmaschin
zertrümmernd
Stark!

Dinnae fret!
dinè fret
zitter nicht
Mach dir keine Sorgen!

Drap deid!
drap dîd
fall-um tot
Leck mich am Arsch!

Ooyabeauty!
üüjabjüütî
oh-du-Schönheit
Das ist Spitze!

The game´s a bogey!
thè gêmsè bôgî
Das ist Beschiß!

Ye cannae whack it (wi big sticks)!
ji kanî wakit wi big ßtikß
du kannst-nicht schlagen es (mit gr. Stöcken)
Das ist unschlagbar / das Größte!

Fegs!
fegs
Mensch!

Jings!
dschiñs
Verflixt!

Shite!
schait
Scheiße!

Michty me!
mechtî mî
Allmächtiger!

Awa an bile yer heid!
èwåå èn bailjèr hîd
weg und koch deinen Kopf
Zieh Leine! / Laß mich in Ruhe!

It's a dawdle!
itßè dåådl
es-ist ein Spaziergang
Kinderspiel! / Leichtigkeit!

Berufe

baxter	*bakßtèr*	Bäcker
dominie	*dåminî*	Lehrer
factor	*faktèr*	Gutsverwalter
flesher	*fleschèr*	Fleischer
grieve	*grîv*	Betriebsleiter / Vorarbeiter
laird	*lêrd*	Gutsherr / Lord
souter	*ßüütèr*	Schuster
wabster	*wabster*	Weber
high-heid yins	*haihîdjins*	*Hochköpfige* die da oben

Charaktereigenschaften

coorse	*küürß*	*grob* ungehobelt; flegelhaft
douce	*düüß*	*süß* angenehm; vertrauenswürdig
fause	*fååß*	falsch
gallus	*galèß*	frech; boshaft; verantwortungslos
kenspeckle	*kenßpekl*	bekannt wie ein bunter Hund
kent	*kent*	bekannt
hae smeddum	*hê ßmedèm*	*haben Dampf* nicht unterzukriegen
snell	*ßnel*	voreilig
thrawn	*thråån*	halsstarrig

Diskussion / Auseinandersetzung

Keep yer hair on!
kîp jèr hêrån
behalt dein Haar auf
Krieg dich wieder ein!

Keep the heid
kîp thè hîd
behalt den Kopf
Nur die Ruhe!

tak a tellin!
takè telin
nimm eine Erzählung
Laß dir was sagen!

Hae a word wi yersel!
hêè wèrd wi jèrßel
hab ein Wort mit dir-selbst
Das meinst du doch nicht im Ernst!

argy-bargy	*ardschîbardschî*		Streit / streiten
baur	*bååår*		Streich
coorie doon	*küürî düün*	*bück dich*	leise!
havers!	*hêvèrs*	*Hafer*	Schwachsinn!
hoots!	*hüütß*		ach wo! / Nie im Leben!
lugfu	*lagfüü*	*Ohrvoll*	Standpauke, Beschwerde
tak tent	*tak tent*		Obacht / Paß auf!
wheesht!	*wîscht*		leise!

Erziehung

academy	*èkadèmî*	Gymnasium
accies	*akîs*	Pennäler
copy	*kåpî*	Abkürzung für:
copy-buik	*kåpîbük*	*Kopierbuch* Schreibheft
dux	*dakß*	Primus
Highers	*haièrs*	*Höhere* Abiturprüfungen
jotter	*dschåtèr*	Schreibheft
Os, O-grades	*ôs, ôgrêds*	*Normale Grade* Mittlere Reife
tawse	*tåås*	der in Schulen nicht mehr ganz so oft gebräuchliche Lederriemen, nach einem Herstellungsort auch als **Lochgelly** *(låchgelî)* bekannt

Familie

bairns, weans	*bêrns, wêns*	Kinder
gudeman	*güdman*	*guter-Mann* Ehemann
gudewife	*güdwaif*	*gute-Frau* Ehefrau
mairrit on	*marît ån*	verheiratet mit
waddin	*wadn*	Hochzeit
wee yins	*wî jins*	die Kleinen

Fortbewegung

burl the wilkies	*bèrl thè wilkîs*	*die Wildkatzen drehen:* Purzelbäume schlagen
(tak a) dauner	*takè dåånèr*	spazierengehen, schlendern
be gallivantin / stravaigin	*galivân'n / ßtravêgin*	umherstreunen
lowp	*laüp*	springen, hüpfen
rin	*rin*	laufen
skite	*ßkait*	(aus)rutschen, schlindern

Fragen / Bitten / Danken

dinnae fash (yersel)!	*dinè fasch jèrßel*	mach keine Umstände!
not on yer nelly (duff)	*nå'njèr nelî daf*	vergiß es!, nie im Leben!
see	*ßî*	*sehen:* geben, wie in:
see's yon paper!	*ßîsjån pêpèr*	gib mal die Zeitung da!
speir at	*ßpîr at*	(jemanden) fragen
speir fur		fragen nach
be no wantin	*bî nô wân'n*	nicht wollen / brauchen

Geld

bien	*bîn*	wohlhabend
canny	*kanî*	sparsam / vorsichtig
gear	*gîr*	Vermögen / Hab und Gut
glamshach	*glamschach*	raffgierig
nip–scart	*nipßkart*	*Krümelkratzer* Geizkragen
siller	*ßilèr*	*Silber* Moneten

keep ane´s bawbees thegither
kîp êns bååbîs thègithèr
halten seine halben-Pennys zusammen
kauserig sein

birl ane´s bawbees
bèrl êns bååbîs
drehen seine halben-Pennys
sein Geld springen lassen

Den **bawbee** gibt es nur noch in Redensarten – das Ein-Penny-Stück ist jetzt die kleinste Münze.

Gemütszustände

begrutten	*bîgra'n*	*beweint* verheult
be black affrontit	*bî blakèfrantit*	*schwarzstirnig sein* sich abgrundtief schämen
dowy	*daüî*	traurig, trist
be far ben wi	*bî fâr ben wi*	*weit drinnen sein mit* einen Stein im Brett haben
be feart fur / feart at	*bî fîrt fèr/fîrt at*	Angst haben vor
gyte / wuid	*gait / wüd*	übergeschnappt / durchgedreht
sittin on preens	*ßi'nån prîns*	*sitzend auf Nadeln* auf heißen Kohlen

Lust / keine Lust haben

be ettlin tae	*etlin tê*	versessen darauf sein (etwas zu tun)
be fain tae	*fên tê*	heiß darauf sein (etwas zu tun)
be sweir tae	*ßwîr tê*	abgeneigt sein (etwas zu tun)

Ah could dae wi a bevvy!
âküd dê wîè bevî
Etwas Alkohol würden mir jetzt echt gut tun!

Die Nation und ihre Symbole

Alba	*alba*	gälischer Name für Schottland
Caledonia	*kaledônia*	lateinischer Name für Schottland
Lion Rampant	*laièn rampènt*	Wappentier Schottlands, aufrechter Löwe, rot auf gelbem Grund
Saltire	*ßååltaièr*	die schottische Fahne: weißes Andreaskreuz auf blauem Grund
St. Andrews	*ßentandrüüs*	St. Andreas, der Schutzparton Schottlands (sein Gedenktag fällt auf den 30. November)
Thistle	*thißl*	Distel, die Wappenblume Schottlds.

Schmutz / Reinlichkeit

clarty	*klartî*	dreckig
dicht	*dicht*	putzen, saubermachen
manky	*mañkî*	versaut (auch im übertragenen Sinne)

Steigern / Abschwächen von Aussagen

a bittie	*è bitî*	ein wenig
fair	*fêr*	ganz schön
fell	*fel*	(zu) sehr
fine	*fain*	(sehr) gut / genau
gey	*gai*	ziemlich
sair	*ßêr*	sehr (im negativen Sinne)
unco	*añkè*	(zu) sehr
a wheen	*è wîn*	ein wenig

The man's sair altert
thè mâns ßêrååltèrt
Der Mann-ist sehr verändert.
Mit dem ist nichts mehr los.

Aye, the nichts are fair drawin in.
âi thè nèchtsâr fêr dråâinin
ja, die Nächte werden ganz schön kurz
Der Gesprächsstoff geht uns aus.

Ye ken that fine!
jè ken that fain
du weißt das genau
Das weißt du nur zu gut!

Tabakgenuß

backy	*bakî*	Tabak
bogie roll	*bôgî rôl*	zum Strang gedrehter Pfeifentabak
doup	*daüp*	*Hintern* Zigarettenstummel
draw	*dråå*	(Zug an der) Zigarette
fuff	*faf*	paffen
mill	*mil*	Schnupftabaksdose
reek	*rîk*	qualmen
spleuchan	*ßplüüchèn*	Tabaksbeutel
spunks	*ßpañkß*	*Funken* Streichhölzer

Zeit

dawin	*dååin*	Morgengrauen
gloamin	*glômin*	Abenddämmerung
hauf ...	*hååf*	halb ... (Achtung: siehe unten!)
mirk	*mèrk*	Dunkelheit
the noo	*thè nüü*	jetzt
nune	*nüün*	Mittag
the back o ...	*thè bakè*	kurz nach ...
the day	*thè dê*	*der Tag* heute
the nicht	*thè necht*	*die Nacht* heute abend
yestreen	*jeßtrîn*	gestern abend, gestern nacht

howe o the nicht
haüè thè nècht
Senke der Nacht
Mitternacht

the morn / the morra
thè mårn / thè måra
der Morgen
morgen

the morn's morn
thè mårns mårn
der Morgen von morgen
morgen früh

the wee sma hoors
die kleinen kleinen Stunden
thè wî småå üürs
die Zeit nach Mitternacht

Achtung!
Nennt man die Uhrzeit zur halben Stunde, so wird immer die vergangene Stunde genannt und nicht wie im deutschen die kommende:

hauf three
halb drei
halb vier

Zweifeln / Glauben

Aye, that'll be right.
ai tha'l bî rècht
ja, das-wird sein richtig
Du kannst mich nicht verarschen!

Ah hae mah doots.
â hê mâ düüts
ich habe meine Zweifel
Das ist höchst unglaubhaft

Als Zeitwort kann **doot** aber auch das Gegenteil ausdrücken:

Ah doot ye winnae need a brollie.
ich zweifle du wirst brauchen einen Schirm
Ich glaube, du wirst keinen Schirm brauchen.

Ah dootnae but it'll rain.
ich zweifel-nicht aber es-wird regnen
Ich bin sicher, es wird regnen.

Von Arschloch bis Zuckermaus

Wie in eigentlich jeder Sprache gibt es auch im Schottischen einen großen Vorrat von Beschimpfungen, denen eine relativ kleine Anzahl von freundlichen oder gar zärtlichen Anreden gegenübersteht. Das Mißverhältnis ist in Schottland aber wohl noch etwas extremer als anderswo, was seine Wurzeln in der Einstellung zur Liebe hat. Es gehört immer noch vor allem zum männlichen Stolz, dem sogenannten schwachen Geschlecht gegenüber wenigstens in der Öffentlichkeit keine allzu starken Gefühle zu zeigen. So kann sich ein beginnender Flirt durch Aufforderung zum Tanz folgendermaßen anhören:

Mann:	Frau:	Mann:	Frau:
Are ye dancin?	**Are ye askin?**	**Aye, Ah'm askin.**	**Awricht, Ah'm dancin.**
âr ji dânßin	*âr jiâßkin*	*ai amâßkin*	*åårechtam dânßin*
Tanzt du?	Fragst du?	Ja, ich frage.	OK, ich tanze.

Hierauf mag ein tryst *(traißt;* Stelldichein) vereinbart werden. Aber es ist auch dann unwahrscheinlich, daß die beiden beteiligten Personen sich mit **dearie** *(dîrî;* Liebchen) oder **mah jo** *(madschô;* meine Freude) betiteln. Gebräuchlich sind Kosenamen dagegen unter völlig Fremden oder flüchtig Bekannten. Wer von einer älteren Person mit **dear** oder **luv** *(lav)* angesprochen wird, kann das getrost einfach als Zeichen von Freundlichkeit hinnehmen.

Eine junge Frau wird von Älteren beiderlei Geschlechts in freundlicher Absicht oft **hen** *(hen;* Henne) gerufen und sollte deswegen nicht beleidigt reagieren. Männer werden oft mit **pal** *(pal;* Kumpel) angeredet, oder – vor allem in Glasgow – einfach als **Jemme** *(dscheme;* Jimmie), egal ob sie nun diesen Vornamen tragen oder nicht.

Ausgewählte Beschimpfungen

... über ihn

bauchle	*bâchl*	*ausgelatschter Schuh*	Tattergreis/-in
bletherskate	*blethèrßkêt*	*Plauder-Kathi*	Laberkopf
chancer	*tschânßèr*	*Riskierer*	Gauner
coof	*küüf*		Schurke/Taugenichts
dour brute	*düür brüüt*	*mürrisches Vieh*	Miesepeter
fouter	*füütèr*		Nervensäge (auch für Kinder)
fushionless fuil	*füschènlèß füül*	*saftloser Narr*	Windei
glaikit get	*glêkit get*	*kindischer Bastard*	Traumtänzer
gobshite	*gåbschait*	*Maulscheißer*	Schwätzer
gomerel	*gåmèrèl*	*Nichtblicker*	Einfaltspinsel
gowk	*gaük*	*Kuckuck*	Depp
jessie	*dscheßî*		Weichling
nyaff	*njaf*	*Kläffer*	Null
puddin	*püdn*	*Pudding*	Tölpel
puddock	*padèk*	*Frosch*	Fiesling
sweetie-wife	*ßwîtî waif*	*Bonbonfrau*	Klatschtante (m)
tattie bogle	*tatî bôgl*	*Kartoffelschreck*	Vogelscheuche
tink	*tiñk*	*Kesselflicker*	Asozialer
tinkler	*tiñklèr*	*Kesselflicker*	Giftzwerg
toff	*tåf*		Pinkel / Angeber
yap	*jap*	*Japser*	Schandmaul

... über sie

besom	*bîsèm*	*Besen*	liederliches Weib
bessie	*beßî*		Strauchbesen
carline	*karlin*		alte Hexe
dally-doll	*dalîdål*	*Püppchen-Puppe*	Modepüppchen
hempy	*hempî*	*Hänfchen*	Wildfang
hure	*hüür*	*Hure*	Luder
jaud	*dschååd*	*Mähre*	Olle
limmer	*limèr*		Flittchen
midden	*midn*	*Misthaufen*	Dreckfink (auch Kinder)

Körperliches

Hier zunächst schottische Wörter für diverse Körperteile:

airm	*erm*	Arm	**hert**	*hêrt*	Herz
bag	*bag*	Bierbauch	**kits**	*kitß*	Fesseln
bane	*bên*	Knochen	**lichts**	*lichtß*	Lungen
breist	*brîßt*	Brust	**link**	*liñk*	Gelenk, Wirb.
broo	*brüü*	Braue, Stirn	**lug**	*lag*	Ohr
chowks	*tschaükß*	Wangen, Kief.	**neb**	*neb*	Nase
dowp	*daüp*	Hintern	**nieve**	*nîv*	Faust
elba	*elba*	Ellenbogen	**oxter**	*åkßtèr*	Achselhöhle
fuit	*füt*	Fuß	**pinkie**	*piñkî*	kl. Finger
haund	*håån*	Hand	**shouther**	*schüüthèr*	Schulter
heid	*hîd*	Kopf	**thrapple**	*thrapl*	Kehle
harns	*harns*	Hirn	**wame**	*wêm*	Bauch

Etwas inoffizieller klingt da schon:

bubbies	*babîs*	Titten
fud	*fad*	Fotze
hurdies	*hèrdîs*	Hüften, Arschbacken
Jock Tamson	*dschåk tamßèn*	Schwanz
whang	*wañ*	*Riemen* Schwanz
willie	*wilî*	*Wilhelm* Schwanz

We're a Jock Tamson's bêrns
wîråå dschåk tamßèns bêrns
wir-sind alle Jock Tamsons Kinder
Wir wurden alle auf dieselbe Art gezeugt,
egal welcher Klasse oder Rasse wir angehören.

Folgender Wortschatz gehört zum Zeugungsakt:

cullie	*kalî*	streicheln, befingern
fyke	*faik*	Flirt, Seitensprung
hochmagandy	*håchmagândî*	Unzucht
kinoodle	*kinüüdl*	knuddeln, knutschen
kittle	*ki'l*	aufgeilen
lowp-hunt	*laüphant*	*Sprungjäger* Weiberheld
mow	*maü*	*mähen:* bumsen
radge	*radsch*	geil

Auffällige Körpereigenschaften positiver oder negativer Art werden folgendermaßen beschrieben:

bleart	*blîrt*	verlebt, verkommen
braw	*bråå*	schön, hübsch, stattlich
cutty	*katî*	kurz, untersetzt
girthy	*gèrthî*	korpulent, fett
hirplin	*hèrplin*	hinkend
muckle	*makl*	groß, stämmig
peely-wally	*pîlîwalî*	bleich, kränklich
shilpit	*schilpit*	eingefallen, verhungert
sonsy	*ßånßî*	schön, gutgenährt (Frau oder Kind)
strang	*ßtrañ*	stark, kräftig
swanky	*ßwañkî*	fit, athletisch
wersh	*wèrsch*	schwächlich, ungesund

Die Körperfunktionen, denen man meist allein und in aller Stille ihren Lauf läßt, haben natürlich auch ihr eigenes Vokabular:

bock, boak	*båk, bôk*	rülpsen; kotzen
jobbie	*dschåbî*	Schiß, Haufen
pish	*pèsch*	pissen; Pissen
shite	*schait*	scheißen; Schiß
skitters	*ßkitèrs*	Dünnpfiff

Krankheiten

Das letztere führt schon in den Bereich der Krankheiten. Hat man Schmerzen, so gebraucht man das Eigenschaftswort **sair** *(ßêr;* wund):

Mah fit are sair.
ma fit âr ßêr
meine Füße sind wund
Meine Füße tun weh.

Ah hae a sair tuith
ahêè ßêr tüüth
ich habe einen wunden Zahn
Ich habe Zahnweh.

belly-thraw	*belîthråå*	*Bauchzwirnen*	Magenschmerzen
grip	*grip*	*Griff*	stechender Schmerz
knackered	*nakèrt*	*vom Abdecker bearb.*	totmüde
mirligoes	*mèrligôs*	*karierter Dreher*	Schwindelanfall
stooky	*ßtükî*	*Stück*	Gips

a sarkfu o sair banes
è ßarkfüüè ßêr bêns
ein Hemdvoll von wunden Knochen
jemand, dem alles weh tut

Lese- und Hörtips

– Wörterbuch (Scots/Englisch) : Mairi Robinson (Hg.), **The concise Scots dictionary** (Aberdeen University Press)
– nach Sachgruppen geordnetes Wörterbuch (ebenfalls Scots/Englisch): Iseabail Macleod u.a. (Hg.), **The Scots thesaurus** (Aberdeen Univ. Press)
– zu Scots gestern und heute: David Murison, **The guid Scots tongue** (William Blackwood & Sons)
– zu Scots morgen: J.D. McClure u.a., **The Scots language: planning for modern usage** (Ramsay Head Press)

Wegen des bereits bekannten Inhalts zum Lernen ideal:
– die Wilhelm Busch-Übersetzungen in Manfred Görlach (Hg.), **Wilhelm Busch: Max und Moritz. In English dialects and creoles** (Helmut Buske Verlag), sowie
– William Laughton Lorimer (Übersetzer), **The New Testament in Scots** (Penguin).

Einen Einstieg in die Dialekte des Nordostens und des Glasgower Raums kann man etwa durch die Romane **Sunset Song** von **Lewis Grassic Gibbon** und **The Busconductor Hines** von **James Kelman** bekommen. Mit dem Klang dieser beiden Sondersprachen kann man sich zum Beispiel durch Aufnahmen des Komikertrios **Scotland the what?** bzw. des im Glasgow-Kapitel erwähnten **Billy Connolly** vertraut machen. Den Zungenschlag der Halbinsel **Fife** hört man auf Platten des Duos **The Proclaimers.**

Wer sich hier ein bißchen eingehört hat, sollte mit keiner Variante des Scots mehr allzu große Schwierigkeiten haben, und kann auch die Erzählungen in folgender Sammlung von Geschichten in „purem" Scots aus allen möglichen Gegenden Schottlands genießen:
- James Robertson (Hg.), **A Tongue in yer Heid** (B & W)

Auch der Besuch im Kino kann schließlich zur Vorbereitung auf eine Schottlandreise dienen. Die Filme von **Bill Forsyth** sind besonders empfehlenswert und populär genug, damit man sie hierzulande auch im Originalton zu sehen bekommt. **Gregory's girl** ist dabei sprachlich wohl am interessantesten, wenn auch **Local hero** leichter zu finden sein dürfte.

Register

Auf den folgenden Seiten finden Sie ein alphabetisch geordnetes Verzeichnis der meisten Begriffe, die in diesem Buch vorkommen.

Es soll den Leserinnen und Lesern behilflich sein, die ein Wort in irgendeinem Zusammenhang gehört haben, aber nicht wissen, was es bedeutet. Hinter jedem Wort steht die Seitenzahl der Seite, auf der das jeweilige Wort auftaucht.

■ C

■ D

E

F

G

■ U / V

■ W

■ Y

Der Autor

Manfred Malzahn wurde 1955 in Iserlohn geboren – in einer Familie mit zahlreichen internationalen Verknüpfungen einschließlich eines schottischen Zweiges. Sein Studium der Sprach- und Literaturwissenschaft schloß er 1983 mit einer Doktorarbeit über den zeitgenössischen Roman in Schottland ab. Dem Zivildienst beim Goethe-Institut folgten dann Lehrtätigkeiten an Universitäten in Edinburgh/ Schottland, Monastir/Tunesien, Sétif/ Algerien und Zomba/Malawi. Zur Zeit ist er Professor für Anglistik und Germanistik an der Chung Cheng-Universität in Chia-yi, Taiwan.